T&P BOOKS

I0176447

AZERBAIJANO
VOCABULÁRIO

PORTUGUÊS BRASILEIRO

PORTUGUÊS AZERBAIJANO

Para alargar o seu léxico e apurar
as suas competências linguísticas

3000 palavras

Vocabulário Português Brasileiro-Azerbaijano - 3000 palavras

Por Andrey Taranov

Os vocabulários da T&P Books destinam-se a ajudar a aprender, a memorizar, e a rever palavras estrangeiras. O dicionário é dividido em temas, cobrindo todas as principais esferas de atividades quotidianas, negócios, ciência, cultura, etc.

O processo de aprendizagem, utilizando os dicionários baseados em temáticas da T&P Books dá-lhe as seguintes vantagens:

- Informação de origem corretamente agrupada predetermina o sucesso em fases subsequentes da memorização de palavras
- Disponibilização de palavras derivadas da mesma raiz, o que permite a memorização de unidades de texto (em vez de palavras separadas)
- Pequenas unidades de palavras facilitam o processo de estabelecimento de vínculos associativos necessários para a consolidação do vocabulário
- O nível de conhecimento da língua pode ser estimado pelo número de palavras aprendidas

Copyright © 2019 T&P Books Publishing

Todos os direitos reservados. Nenhuma parte desta publicação pode ser reproduzida, total ou parcialmente, por quaisquer métodos ou processos, sejam eles eletrônicos, mecânicos, de fotocópia ou outros, sem a autorização escrita do editor. Esta publicação não pode ser divulgada, copiada ou distribuída em nenhum formato.

T&P Books Publishing
www.tpbooks.com

ISBN: 978-1-78767-402-8

Este livro também está disponível em formato E-book.
Por favor visite www.tpbooks.com ou as principais livrarias on-line.

VOCABULÁRIO AZERBAIJANO
palavras mais úteis

Os vocabulários da T&P Books destinam-se a ajudar a aprender, a memorizar, e a rever palavras estrangeiras. O vocabulário contém mais de 3000 palavras de uso comum organizadas tematicamente.

O vocabulário contém as palavras mais comummente usadas
Recomendado como adicional para qualquer curso de línguas
Satisfaz as necessidades dos iniciados e dos alunos avançados de línguas estrangeiras
Conveniente para o uso diário, sessões de revisão e atividades de auto-teste
Permite avaliar o seu vocabulário

Características especias do vocabulário

· As palavras estão organizadas de acordo com o seu significado, e não por ordem alfabética
· As palavras são apresentadas em três colunas para facilitar os processos de revisão e auto-teste
· As palavras compostas são divididas em pequenos blocos para facilitar o processo de aprendizagem
· O vocabulário oferece uma transcrição simples e adequada de cada palavra estrangeira

O vocabulário contém 101 tópicos incluindo:

Conceitos básicos, Números, Cores, Meses, Estações do ano, Unidades de medida, Roupas & Acessórios, Alimentos & Nutrição, Restaurante, Membros da Família, Parentes, Caráter, Sentimentos, Emoções, Doenças, Cidade, Passeios, Compras, Dinheiro, Casa, Lar, Escritório, Trabalho no Escritório, Importação & Exportação, Marketing, Pesquisa de Emprego, Esportes, Educação, Computador, Internet, Ferramentas, Natureza, Países, Nacionalidades e muito mais ...

TABELA DE CONTEÚDOS

Guia de pronunciação 8
Abreviaturas 9

CONCEITOS BÁSICOS 10

1. Pronomes 10
2. Cumprimentos. Saudações 10
3. Questões 11
4. Preposições 11
5. Palavras funcionais. Advérbios. Parte 1 12
6. Palavras funcionais. Advérbios. Parte 2 13

NÚMEROS. DIVERSOS 15

7. Números cardinais. Parte 1 15
8. Números cardinais. Parte 2 16
9. Números ordinais 16

CORES. UNIDADES DE MEDIDA 17

10. Cores 17
11. Unidades de medida 17
12. Recipientes 18

VERBOS PRINCIPAIS 20

13. Os verbos mais importantes. Parte 1 20
14. Os verbos mais importantes. Parte 2 21
15. Os verbos mais importantes. Parte 3 22
16. Os verbos mais importantes. Parte 4 22

TEMPO. CALENDÁRIO 24

17. Dias da semana 24
18. Horas. Dia e noite 24
19. Meses. Estações 25

VIAGENS. HOTEL   28

20. Viagens   28
21. Hotel   28
22. Turismo   29

TRANSPORTES   31

23. Aeroporto   31
24. Avião   32
25. Comboio   32
26. Barco   33

CIDADE   36

27. Transportes urbanos   36
28. Cidade. Vida na cidade   37
29. Instituições urbanas   38
30. Sinais   39
31. Compras   40

VESTUÁRIO & ACESSÓRIOS   42

32. Roupa exterior. Casacos   42
33. Vestuário de homem & mulher   42
34. Vestuário. Roupa interior   43
35. Adereços de cabeça   43
36. Calçado   43
37. Acessórios pessoais   44
38. Vestuário. Diversos   44
39. Cuidados pessoais. Cosméticos   45
40. Relógios de pulso. Relógios   46

EXPERIÊNCIA DO QUOTIDIANO   47

41. Dinheiro   47
42. Correios. Serviço postal   48
43. Banca   48
44. Telefone. Conversação telefônica   49
45. Telefone móvel   50
46. Estacionário   50
47. Línguas estrangeiras   51

REFEIÇÕES. RESTAURANTE   53

48. Por a mesa   53
49. Restaurante   53
50. Refeições   53
51. Pratos cozinhados   54
52. Comida   55

53. Bebidas 57
54. Vegetais 58
55. Frutos. Nozes 58
56. Pão. Bolaria 59
57. Especiarias 60

INFORMAÇÃO PESSOAL. FAMÍLIA 61

58. Informação pessoal. Formulários 61
59. Membros da família. Parentes 61
60. Amigos. Colegas de trabalho 62

CORPO HUMANO. MEDICINA 64

61. Cabeça 64
62. Corpo humano 65
63. Doenças 65
64. Sintomas. Tratamentos. Parte 1 67
65. Sintomas. Tratamentos. Parte 2 68
66. Sintomas. Tratamentos. Parte 3 69
67. Medicina. Drogas. Acessórios 69

APARTAMENTO 71

68. Apartamento 71
69. Mobiliário. Interior 71
70. Quarto de dormir 72
71. Cozinha 72
72. Casa de banho 73
73. Eletrodomésticos 74

A TERRA. TEMPO 75

74. Espaço sideral 75
75. A Terra 76
76. Pontos cardeais 77
77. Mar. Oceano 77
78. Nomes de Mares e Oceanos 78
79. Montanhas 79
80. Nomes de montanhas 80
81. Rios 80
82. Nomes de rios 81
83. Floresta 81
84. Recursos naturais 82
85. Tempo 83
86. Tempo extremo. Catástrofes naturais 84

FAUNA 86

87. Mamíferos. Predadores 86
88. Animais selvagens 86

89. Animais domésticos   87
90. Pássaros   88
91. Peixes. Animais marinhos   90
92. Anfíbios. Répteis   90
93. Insetos   91

FLORA   92

94. Árvores   92
95. Arbustos   92
96. Frutos. Bagas   93
97. Flores. Plantas   93
98. Cereais, grãos   95

PAÍSES DO MUNDO   96

99. Países. Parte 1   96
100. Países. Parte 2   97
101. Países. Parte 3   98

GUIA DE PRONUNCIAÇÃO

Letra	Exemplo Azerbaijano	Alfabeto fonético T&P	Exemplo Português
A a	stabil	[a]	chamar
B b	boksçu	[b]	barril
C c	Ceyran	[dʒ]	adjetivo
Ç ç	Çay	[tʃ]	Tchau!
D d	daraq	[d]	dentista
E e	fevral	[e]	metal
Ə ə	Əncir	[æ]	semana
F f	fokus	[f]	safári
G g	giriş	[g]	gosto
Ğ ğ	Çağırmaq	[ɣ]	agora
H h	həkim	[h]	[h] aspirada
X x	Xanım	[h]	[h] aspirada
I ı	Qarı	[ı]	sinônimo
İ i	dimdik	[i]	sinônimo
J j	Janr	[ʒ]	talvez
K k	kaktus	[k]	aquilo
Q q	Qravüra	[g]	gosto
L l	liman	[l]	libra
M m	mavi	[m]	magnólia
N n	nömrə	[n]	natureza
O o	okean	[o]	lobo
Ö ö	Göbələk	[ø]	orgulhoso
P p	parça	[p]	presente
R r	rəng	[r]	riscar
S s	sap	[s]	sanita
Ş ş	Şair	[ʃ]	mês
T t	tarix	[t]	tulipa
U u	susmaq	[u]	bonita
Ü ü	Ümid	[y]	questionar
V v	varlı	[v]	fava
Y y	Yaponiya	[j]	Vietnã
Z z	zarafat	[z]	asiático

ABREVIATURAS
usadas no vocabulário

Abreviaturas do Português

adj	-	adjetivo
adv	-	advérbio
anim.	-	animado
conj.	-	conjunção
desp.	-	esporte
etc.	-	Etcetera
ex.	-	por exemplo
f	-	nome feminino
f pl	-	feminino plural
fem.	-	feminino
inanim.	-	inanimado
m	-	nome masculino
m pl	-	masculino plural
m, f	-	masculino, feminino
masc.	-	masculino
mat.	-	matemática
mil.	-	militar
pl	-	plural
prep.	-	preposição
pron.	-	pronome
sb.	-	sobre
sing.	-	singular
v aux	-	verbo auxiliar
vi	-	verbo intransitivo
vi, vt	-	verbo intransitivo, transitivo
vr	-	verbo reflexivo
vt	-	verbo transitivo

CONCEITOS BÁSICOS

1. Pronomes

eu	mən	['mæn]
você	sən	['sæn]
ele, ela	o	['o]
nós	biz	['biz]
vocês	siz	['siz]
eles, elas	onlar	[on'lar]

2. Cumprimentos. Saudações

Oi!	Salam!	[sa'lam]
Olá!	Salam!	[sa'lam]
Bom dia!	Sabahın xeyir!	[saba'hın χɛ'jır]
Boa tarde!	Günortan xeyir!	[gynor'tan χɛ'jır]
Boa noite!	Axşamın xeyir!	[aχʃa'mın χɛ'jır]
cumprimentar (vt)	salamlaşmaq	[salamlaʃ'mah]
Oi!	Salam!	[sa'lam]
saudação (f)	salam	[sa'lam]
saudar (vt)	salamlamaq	[salamla'mah]
Tudo bem?	Necəsən?	[nɛ'dʒæsæn]
E aí, novidades?	Nə yenilik var?	['næ ɛni'lik 'var]
Tchau! Até logo!	Xudahafiz!	[χudaha'fiz]
Até breve!	Tezliklə görüşənədek!	[tɛz'liklæ gøryʃæ'nædæk]
Adeus! (sing.)	Sağlıqla qal!	[sa'ɣlıgla 'gal]
Adeus! (pl)	Sağlıqla qalın!	[sa'ɣlıgla 'galın]
despedir-se (dizer adeus)	vidalaşmaq	[vidalaʃ'mah]
Até mais!	Hələlik!	[hælæ'lik]
Obrigado! -a!	Sağ ol!	['saɣ 'ol]
Muito obrigado! -a!	Çox sağ ol!	['tʃoχ 'saɣ 'ol]
De nada	Buyurun	['buyurun]
Não tem de quê	Dəymez	[dæj'mæz]
Não foi nada!	Bir şey deyil	['bir 'ʃæj 'dɛjıl]
Desculpa!	Bağışla!	[baɣıʃ'la]
Desculpe!	Bağışlayın!	[baɣıʃ'lajın]
desculpar (vt)	Bağışlamaq	[baɣıʃla'mah]
desculpar-se (vr)	üzr istəmək	['juzr istæ'mæk]
Me desculpe	Üzrümü qəbul et	[yzry'my gæ'bul 'ɛt]
Desculpe!	Bağışlayın!	[baɣıʃ'lajın]
perdoar (vt)	bağışlamaq	[baɣıʃla'mah]

por favor	rica edirəm	[ri'dʒ;a ε'diræm]
Não se esqueça!	Unutmayın!	[u'nutmajın]
Com certeza!	Əlbəttə!	[æl'battæ]
Claro que não!	Əlbəttə yox!	[æl'battæ 'joχ]
Está bem! De acordo!	Razıyam!	[ra'zıjam]
Chega!	Bəsti!	['bæsti]

3. Questões

Quem?	Kim?	['kim]
O que?	Nə?	['næ]
Onde?	Harada?	['harada]
Para onde?	Haraya?	['haraja]
De onde?	Haradan?	['haradan]

Quando?	Nə zaman?	['næ za'man]
Para quê?	Niyə?	[ni'jæ]
Por quê?	Nə üçün?	['næ ju'tʃun]

Para quê?	Nədən ötrü?	[næ'dæn øt'ry]
Como?	Necə?	[nε'dʒ;æ]
Qual (~ é o problema?)	Nə cür?	['næ 'dʒyr]
Qual (~ deles?)	Hansı?	[han'sı]

A quem?	Kimə?	[ki'mæ]
De quem?	Kimdən?	[kim'dæn]
Do quê?	Nədən?	[næ'dæn]
Com quem?	Kiminlə?	[ki'minlæ]

Quantos? -as?	Neçə?	[nε'tʃæ]
Quanto?	Nə qədər?	['næ gæ'dær]
De quem? (masc.)	Kimin?	[ki'min]

4. Preposições

com (prep.)	ilə	[i'læ]
sem (prep.)	... sız	[... sız]
a, para (exprime lugar)	da	['da]
sobre (ex. falar ~)	haqqında	[hakkın'da]

antes de ...	qabaq	[ga'bah]
em frente de ...	qarşısında	[garʃısın'da]

debaixo de ...	altında	[altın'da]
sobre (em cima de)	üstündə	[ystyn'dæ]
em ..., sobre ...	üzərində	[yzærin'dæ]

de, do (sou ~ Rio de Janeiro)	... dan	[... dan]
de (feito ~ pedra)	... dan	[... dan]

em (~ 3 dias)	sonra	[son'ra]
por cima de ...	üstündən	[ystyn'dæn]

5. Palavras funcionais. Advérbios. Parte 1

Onde?	Harada?	['harada]
aqui	burada	['burada]
lá, ali	orada	['orada]

em algum lugar	harada isə	['harada isɛ]
em lugar nenhum	heç bir yerdə	['hɛtʃ 'bir ɛr'dæ]

perto de ...	yanında	[janın'da]
perto da janela	pəncərənin yanında	[pændʒ'æræ'nin janın'da]

Para onde?	Haraya?	['haraja]
aqui	buraya	['buraja]
para lá	oraya	['oraja]
daqui	buradan	['buradan]
de lá, dali	oradan	['oradan]

perto	yaxın	[ja'χın]
longe	uzaq	[u'zah]

perto de ...	yanaşı	[jana'ʃı]
à mão, perto	yaxında	[jaχın'da]
não fica longe	yaxında	[jaχın'da]

esquerdo (adj)	sol	['sol]
à esquerda	soldan	[sol'dan]
para a esquerda	sola	[so'la]

direito (adj)	sağ	['saɣ]
à direita	sağdan	[sa'ɣdan]
para a direita	sağa	[sa'ɣa]

em frente	qabaqdan	[gabag'dan]
da frente	qabaq	[ga'bah]
adiante (para a frente)	irəli	[iræ'li]

atrás de ...	arxada	[arχa'da]
de trás	arxadan	[arχa'dan]
para trás	arxaya	[arχa'ja]

meio (m), metade (f)	orta	[or'ta]
no meio	ortada	[orta'da]

do lado	qıraqdan	[gırag'dan]
em todo lugar	hər yerdə	['hær ɛr'dæ]
por todos os lados	ətrafında	[ætrafın'da]

de dentro	içəridən	[itʃæri'dæn]
para algum lugar	haraya isə	['haraja i'sæ]
diretamente	düzünə	[dyzɣ'næ]
de volta	geriyə	[gɛri'jæ]

de algum lugar	haradan olsa	['haradan ol'sa]
de algum lugar	haradansa	['haradansa]

em primeiro lugar	birincisi	[birindʒi'si]
em segundo lugar	ikincisi	[ikintʃi'si]
em terceiro lugar	üçüncüsü	[ytʃundʒu'sy]

de repente	qəflətən	['gæflætæn]
no início	başlanqıcda	[baʃlangɪdʒ'da]
pela primeira vez	birinci dəfə	[birin'dʒi dæ'fæ]
muito antes de ...	xeyli əvvəl	['χɛjli æv'væl]
de novo	yenidən	[ɛni'dæn]
para sempre	həmişəlik	[hæmiʃæ'lik]

nunca	heç bir zaman	['hɛtʃ 'bir za'man]
de novo	yenə	['ɛnæ]
agora	indi	[in'di]
frequentemente	tez-tez	['tɛz 'tɛz]
então	onda	[on'da]
urgentemente	təcili	[tædʒi'li]
normalmente	adətən	['adætæn]

a propósito, ...	yeri gəlmişkən	[ɛ'ri gæl'miʃkæn]
é possível	ola bilsin	[o'la bil'sin]
provavelmente	ehtimal ki	[ɛhti'mal 'ki]
talvez	ola bilər	[o'la bi'lær]
além disso, ...	bundan başqa ...	[bun'dan baʃ'ga ...]
por isso ...	buna görə	[bu'na gø'ræ]
apesar de ...	baxmayaraq ki ...	['baχmajarah ki ...]
graças a ...	sayəsində ...	[sajæsin'dæ ...]

que (pron.)	nə	['næ]
que (conj.)	ki	['ki]
algo	nə isə	['næ i'sæ]
alguma coisa	bir şey	['bir 'ʃɛj]
nada	heç bir şey	['hɛtʃ 'bir 'ʃæj]

quem	kim	['kim]
alguém (~ que ...)	kim isə	['kim i'sæ]
alguém (com ~)	birisi	[biri'si]

ninguém	heç kim	['hɛtʃ kim]
para lugar nenhum	heç bir yerə	['hɛtʃ 'bir ɛ'ræ]
de ninguém	heç kimin	['hɛtʃ ki'min]
de alguém	kiminsə	[ki'minsæ]

tão	belə	[bɛ'læ]
também (gostaria ~ de ...)	habelə	['habɛlæ]
também (~ eu)	həmçinin	['hæmtʃinin]

6. Palavras funcionais. Advérbios. Parte 2

Por quê?	Nə üçün?	['næ ju'tʃun]
por alguma razão	nədənsə	[næ'dænsæ]
porque ...	ona görə ki	[o'na gø'ræ 'ki]
por qualquer razão	nə səbəbə isə	['næ sæbæ'bæ i'sæ]
e (tu ~ eu)	və	['væ]

ou (ser ~ não ser)	yaxud	['jaxud]
mas (porém)	amma	['amma]
para (~ a minha mãe)	üçün	[y'tʃun]

muito, demais	həddindən artıq	[hæddin'dæn ar'tıh]
só, somente	yalnız	['jalnız]
exatamente	dəqiq	[dæ'gih]
cerca de (~ 10 kg)	təqribən	[tæg'ribæn]

aproximadamente	təxminən	[tæx'minæn]
aproximado (adj)	təxmini	[tæxmi'ni]
quase	demək olar ki	[dɛ'mæk o'lar 'ki]
resto (m)	qalanı	[gala'nı]

cada (adj)	hər bir	['hær 'bir]
qualquer (adj)	hansı olursa olsun	[han'sı o'lʲursa ol'sun]
muito, muitos, muitas	çox	['tʃox]
muitas pessoas	çoxları	[tʃoxla'rı]
todos	hamısı	['hamısı]

em troca de ...	bunun əvəzində	[bu'nun ævæzin'dæ]
em troca	əvəzində	[ævæzin'dæ]
à mão	əl ilə	['æl i'læ]
pouco provável	çətin ola bilsin	[tʃæ'tin o'la bil'sin]

provavelmente	guman ki	[gy'man 'ki]
de propósito	bilərək	[bi'læræk]
por acidente	təsadüfən	[tæ'sadyfæn]

muito	çox	['tʃox]
por exemplo	məsələn	['mæsælæn]
entre	arasında	[arasın'da]
entre (no meio de)	ortasında	[ortasın'da]
tanto	bu qədər	['bu gæ'dær]
especialmente	xüsusilə	[xysu'silæ]

NÚMEROS. DIVERSOS

7. Números cardinais. Parte 1

zero	sıfır	['sıfır]
um	bir	['bir]
dois	iki	[i'ki]
três	üç	['yʧ]
quatro	dörd	['dørd]
cinco	beş	['bɛʃ]
seis	altı	[al'tı]
sete	yeddi	[ɛd'di]
oito	səkkiz	[sæk'kiz]
nove	doqquz	[dok'kuz]
dez	on	['on]
onze	on bir	['on 'bir]
doze	on iki	['on i'ki]
treze	on üç	['on 'juʧ]
catorze	on dörd	['on 'dørd]
quinze	on beş	['on 'bɛʃ]
dezesseis	on altı	['on al'tı]
dezessete	on yeddi	['on ɛd'di]
dezoito	on səkkiz	['on sæk'kiz]
dezenove	on doqquz	['on dok'kuz]
vinte	iyirmi	[ijır'mi]
vinte e um	iyirmi bir	[ijır'mi 'bir]
vinte e dois	iyirmi iki	[ijır'mi i'ki]
vinte e três	iyirmi üç	[ijır'mi 'juʧ]
trinta	otuz	[o'tuz]
trinta e um	otuz bir	[o'tuz 'bir]
trinta e dois	otuz iki	[o'tuz i'ki]
trinta e três	otuz üç	[o'tuz 'juʧ]
quarenta	qırx	['gırχ]
quarenta e um	qırx bir	['gırχ 'bir]
quarenta e dois	qırx iki	['gırχ i'ki]
quarenta e três	qırx üç	['gırχ 'juʧ]
cinquenta	əlli	[æl'li]
cinquenta e um	əlli bir	[æl'li 'bir]
cinquenta e dois	əlli iki	[æl'li i'ki]
cinquenta e três	əlli üç	[æl'li 'juʧ]
sessenta	altmış	[alt'mıʃ]
sessenta e um	altmış bir	[alt'mıʃ 'bir]

| sessenta e dois | altmış iki | [alt'mɪʃ i'ki] |
| sessenta e três | altmış üç | [alt'mɪʃ 'juʧ] |

setenta	yetmiş	[ɛt'miʃ]
setenta e um	yetmiş bir	[ɛt'miʃ 'bir]
setenta e dois	yetmiş iki	[ɛt'miʃ i'ki]
setenta e três	yetmiş üç	[ɛt'miʃ 'juʧ]

oitenta	səksən	[sæk'sæn]
oitenta e um	səksən bir	[sæk'sæn 'bir]
oitenta e dois	səksən iki	[sæk'sæn i'ki]
oitenta e três	səksən üç	[sæk'sæn 'juʧ]

noventa	doxsan	[doχ'san]
noventa e um	doxsan bir	[doχ'san 'bir]
noventa e dois	doxsan iki	[doχ'san i'ki]
noventa e três	doxsan üç	[doχ'san 'juʧ]

8. Números cardinais. Parte 2

cem	yüz	['jyz]
duzentos	iki yüz	[i'ki 'juz]
trezentos	üç yüz	['juʧ 'juz]
quatrocentos	dörd yüz	['dørd 'juz]
quinhentos	beş yüz	['bɛʃ 'juz]

seiscentos	altı yüz	[al'tı 'juz]
setecentos	yeddi yüz	[ɛd'di 'juz]
oitocentos	səkkiz yüz	[sæk'kiz 'juz]
novecentos	doqquz yüz	[dok'kuz 'juz]

mil	min	['min]
dois mil	iki min	[i'ki 'min]
três mil	üç min	['juʧ 'min]
dez mil	on min	['on 'min]
cem mil	yüz min	['juz 'min]
um milhão	milyon	[mi'ljon]
um bilhão	milyard	[mi'ljard]

9. Números ordinais

primeiro (adj)	birinci	[birin'ʤ ͥi]
segundo (adj)	ikinci	[ikin'ʤ ͥi]
terceiro (adj)	üçüncü	[yʧun'ʤ ͥu]
quarto (adj)	dördüncü	[dørdyn'ʤy]
quinto (adj)	beşinci	[bɛʃin'ʤ ͥi]

sexto (adj)	altıncı	[altın'ʤ ͥı]
sétimo (adj)	yeddinci	[ɛddin'ʤ ͥi]
oitavo (adj)	səkkizinci	[sækkizin'ʤ ͥi]
nono (adj)	doqquzuncu	[dokkuzun'ʤy]
décimo (adj)	onuncu	[onun'ʤ ͥu]

CORES. UNIDADES DE MEDIDA

10. Cores

cor (f)	rəng	['rænh]
tom (m)	çalar	[ʧa'lar]
tonalidade (m)	ton	['ton]
arco-íris (m)	qövsi-quzeh	[gøvsi gy'zɛh]
branco (adj)	ağ	['aɣ]
preto (adj)	qara	[ga'ra]
cinza (adj)	boz	['boz]
verde (adj)	yaşıl	[ja'ʃıl]
amarelo (adj)	sarı	[sa'rı]
vermelho (adj)	qırmızı	[gırmı'zı]
azul (adj)	göy	['gøj]
azul claro (adj)	mavi	[ma'vi]
rosa (adj)	çəhrayı	[ʧæhra'jı]
laranja (adj)	narıncı	[narın'ʤı]
violeta (adj)	bənövşəyi	[bænøvʃæ'jı]
marrom (adj)	şabalıdı	[ʃabalı'dı]
dourado (adj)	qızıl	[gı'zıl]
prateado (adj)	gümüşü	[gymy'ʃy]
bege (adj)	bej rəngli	[bɛʒ ræng'li]
creme (adj)	krem rəngli	[krɛm ræng'li]
turquesa (adj)	firuzəyi	[firuzæ'jı]
vermelho cereja (adj)	tünd qırmızı	['tynd gırmı'zı]
lilás (adj)	açıq bənövşəyi	[a'ʧıh bænøvʃæ'jı]
carmim (adj)	moruq rəngli	[moruh ræng'li]
claro (adj)	açıq rəngli	[a'ʧıh ræng'li]
escuro (adj)	tünd	['tynd]
vivo (adj)	parlaq	[par'lah]
de cor	rəngli	[ræng'li]
a cores	rəngli	[ræng'li]
preto e branco (adj)	ağ-qara	['aɣ ga'ra]
unicolor (de uma só cor)	birrəng	[bir'rænh]
multicolor (adj)	müxtəlif rəngli	[myχtæ'lif ræng'li]

11. Unidades de medida

peso (m)	çəki	[ʧæ'ki]
comprimento (m)	uzunluq	[uzun'ɫuh]

17

largura (f)	en	['ɛn]
altura (f)	hündürlük	[hyndyr'lyk]
profundidade (f)	dərinlik	[dærin'lik]
volume (m)	həcm	['hædʒ⁣m]
área (f)	səth	['sæth]

grama (m)	qram	['gram]
miligrama (m)	milliqram	[milli'gram]
quilograma (m)	kiloqram	[kilog'ram]
tonelada (f)	ton	['ton]
libra (453,6 gramas)	girvənkə	[girvæn'kæ]
onça (f)	unsiya	['unsija]

metro (m)	metr	['mɛtr]
milímetro (m)	millimetr	[milli'mɛtr]
centímetro (m)	santimetr	[santi'mɛtr]
quilômetro (m)	kilometr	[kilo'mɛtr]
milha (f)	mil	['mil]

polegada (f)	düym	['dyjm]
pé (304,74 mm)	fut	['fut]
jarda (914,383 mm)	yard	['jard]

metro (m) quadrado	kvadrat metr	[kvad'rat 'mɛtr]
hectare (m)	hektar	[hɛk'tar]

litro (m)	litr	['litr]
grau (m)	dərəcə	[dæræ'dʒ⁣æ]
volt (m)	volt	['volt]
ampère (m)	amper	[am'pɛr]
cavalo (m) de potência	at gücü	['at gy'dʒy]

quantidade (f)	miqdar	[mig'dar]
um pouco de …	bir az …	['bir 'az …]
metade (f)	yarım	[ja'rım]
dúzia (f)	on iki	['on i'ki]
peça (f)	ədəd	[æ'dæd]

tamanho (m), dimensão (f)	ölçü	[øl'tʃu]
escala (f)	miqyas	[mi'gjas]

mínimo (adj)	minimal	[mini'mal]
menor, mais pequeno	ən kiçik	['æn ki'tʃik]
médio (adj)	orta	[or'ta]
máximo (adj)	maksimal	[maksi'mal]
maior, mais grande	ən böyük	['æn bø'juk]

12. Recipientes

pote (m) de vidro	şüşə banka	[ʃy'ʃæ ban'ka]
lata (~ de cerveja)	konserv bankası	[kon'sɛrv banka'sı]
balde (m)	vedrə	[vɛd'ræ]
barril (m)	çəllək	[tʃæl'læk]
bacia (~ de plástico)	ləyən	[læ'jæn]

tanque (m)	bak	['bak]
cantil (m) de bolso	mehtərə	[mɛhtæ'ræ]
galão (m) de gasolina	kanistr	[ka'nistr]
cisterna (f)	sistern	[sis'tɛrn]
caneca (f)	parç	['partʃ]
xícara (f)	fincan	[fin'dʒˈan]
pires (m)	nəlbəki	[nælbæ'ki]
copo (m)	stəkan	[stæ'kan]
taça (f) de vinho	qədəh	[gæ'dæh]
panela (f)	qazan	[ga'zan]
garrafa (f)	şüşə	[ʃy'ʃæ]
gargalo (m)	boğaz	[bo'gaz]
jarra (f)	qrafin	[gra'fin]
jarro (m)	səhənk	[sæ'hænk]
recipiente (m)	qab	['gap]
pote (m)	bardaq	[bar'dah]
vaso (m)	güldan	[gylˈ'dan]
frasco (~ de perfume)	flakon	[fla'kon]
frasquinho (m)	şüşə	[ʃy'ʃæ]
tubo (m)	tübik	['tybik]
saco (ex. ~ de açúcar)	torba	[tor'ba]
sacola (~ plastica)	paket	[pa'kɛt]
maço (de cigarros, etc.)	paçka	[patʃ'ka]
caixa (~ de sapatos, etc.)	qutu	[gu'tu]
caixote (~ de madeira)	yeşik	[ɛ'ʃik]
cesto (m)	səbət	[sæ'bæt]

VERBOS PRINCIPAIS

13. Os verbos mais importantes. Parte 1

abrir (vt)	açmaq	[atʃ'mah]
acabar, terminar (vt)	qurtarmaq	[gurtar'mah]
aconselhar (vt)	məsləhət vermək	[mæslæ'hæt vɛr'mæk]
adivinhar (vt)	tapmaq	[tap'mah]
advertir (vt)	xəbərdarlıq etmək	[xæbærdar'lıh ɛt'mæk]
ajudar (vt)	kömək etmək	[kø'mæk ɛt'mæk]
almoçar (vi)	nahar etmək	[na'har ɛt'mæk]
alugar (~ um apartamento)	kirayə etmək	[kira'jæ ɛt'mæk]
amar (pessoa)	sevmək	[sɛv'mæk]
ameaçar (vt)	hədələmək	[hædælæ'mæk]
anotar (escrever)	yazmaq	[jaz'mah]
apressar-se (vr)	tələsmək	[tælæs'mæk]
arrepender-se (vr)	heyfsilənmək	[hɛjfsilæn'mæk]
assinar (vt)	imzalamaq	[imzala'mah]
brincar (vi)	zarafat etmək	[zara'fat ɛt'mæk]
brincar, jogar (vi, vt)	oynamaq	[ojna'mah]
buscar (vt)	axtarmaq	[axtar'mah]
caçar (vi)	ova çıxmaq	[o'va tʃɪx'mah]
cair (vi)	yıxılmaq	[jɪxɪl'mah]
cavar (vt)	qazmaq	[gaz'mah]
chamar (~ por socorro)	çağırmaq	[tʃaɣɪr'mah]
chegar (vi)	gəlmək	[gæl'mæk]
chorar (vi)	ağlamaq	[aɣla'mah]
começar (vt)	başlamaq	[baʃla'mah]
comparar (vt)	müqayisə etmək	[mygajı'sæ ɛt'mæk]
concordar (dizer "sim")	razı olmaq	[ra'zı ol'mah]
confiar (vt)	etibar etmək	[ɛti'bar ɛt'mæk]
confundir (equivocar-se)	dolaşıq salmaq	[dola'ʃıh sal'mah]
conhecer (vt)	tanımaq	[tanı'mah]
contar (fazer contas)	saymaq	[saj'mah]
contar com ...	bel bağlamaq	['bɛl baɣla'mah]
continuar (vt)	davam etdirmək	[da'vam ɛtdir'mæk]
controlar (vt)	nəzarət etmək	[næza'ræt ɛt'mæk]
convidar (vt)	dəvət etmək	[dæ'væt ɛt'mæk]
correr (vi)	qaçmaq	[gatʃ'mah]
criar (vt)	yaratmaq	[jarat'mah]
custar (vt)	qiyməti olmaq	[gijmæ'ti ol'mah]

14. Os verbos mais importantes. Parte 2

dar (vt)	vermək	[vɛr'mæk]
dar uma dica	eyham vurmaq	[ɛj'ham vur'mah]
decorar (enfeitar)	bəzəmək	[bæzæ'mæk]
defender (vt)	müdafiyə etmək	[mydafi'jæ ɛt'mæk]
deixar cair (vt)	yerə salmaq	[ɛ'ræ sal'mah]

descer (para baixo)	aşağı düşmək	[aʃa'ɣɪ dyʃ'mæk]
desculpar-se (vr)	üzr istəmək	['juzr istæ'mæk]
dirigir (~ uma empresa)	idarə etmək	[ida'ræ ɛt'mæk]
discutir (notícias, etc.)	müzakirə etmək	[myzaki'ræ ɛt'mæk]

disparar, atirar (vi)	atəş açmaq	[a'tæʃ atʃ'mah]
dizer (vt)	demək	[dɛ'mæk]
duvidar (vt)	şübhələnmək	[ʃybhælæn'mæk]
encontrar (achar)	tapmaq	[tap'mah]
enganar (vt)	aldatmaq	[aldat'mah]

entender (vt)	başa düşmək	[ba'ʃa dyʃ'mæk]
entrar (na sala, etc.)	daxil olmaq	[da'ɣil ol'mah]
enviar (uma carta)	göndərmək	[gøndær'mæk]
errar (enganar-se)	səhv etmək	['sæhv ɛt'mæk]
escolher (vt)	seçmək	[sɛtʃ'mæk]

esconder (vt)	gizlətmək	[gizlæt'mæk]
escrever (vt)	yazmaq	[jaz'mah]
esperar (aguardar)	gözləmək	[gøzlæ'mæk]
esperar (ter esperança)	ümid etmək	[y'mid ɛt'mæk]
esquecer (vt)	unutmaq	[unut'mah]

estudar (vt)	öyrənmək	[øjræn'mæk]
exigir (vt)	tələb etmək	[tæ'læp ɛt'mæk]
existir (vi)	mövcud olmaq	[møv'dʒyd ol'mah]
explicar (vt)	izah etmək	[i'zah ɛt'mæk]

falar (vi)	danışmaq	[danɪʃ'mah]
faltar (a la escuela, etc.)	buraxmaq	[buraɣ'mah]
fazer (vt)	etmək	[ɛt'mæk]

ficar em silêncio	susmaq	[sus'mah]
gabar-se (vr)	lovğalanmaq	[lovɣalan'mah]

gostar (apreciar)	xoşuna gəlmək	[ɣoʃu'na gæl'mæk]
gritar (vi)	çığırmaq	[tʃɪɣɪr'mah]
guardar (fotos, etc.)	saxlamaq	[saɣla'mah]

informar (vt)	məlumat vermək	[mælʲu'mat vɛr'mæk]
insistir (vi)	təkid etmək	[tæ'kid ɛt'mæk]

insultar (vt)	təhkir etmək	[tæh'kir ɛt'mæk]
interessar-se (vr)	maraqlanmaq	[maraglan'mah]
ir (a pé)	getmək	[gɛt'mæk]
ir nadar	çimmək	[tʃim'mæk]
jantar (vi)	axşam yeməyi yemək	[aɣ'ʃam ɛmæ'jɪ ɛ'mæk]

15. Os verbos mais importantes. Parte 3

ler (vt)	oxumaq	[oxu'mah]
libertar, liberar (vt)	azad etmək	[a'zad ɛt'mæk]
matar (vt)	öldürmək	[øldyr'mæk]
mencionar (vt)	adını çəkmək	[adı'nı ʧæk'mæk]
mostrar (vt)	göstərmək	[gøstær'mæk]

mudar (modificar)	dəyişmək	[dæiʃ'mæk]
nadar (vi)	üzmək	[yz'mæk]
negar-se a ... (vr)	imtina etmək	[imti'na ɛt'mæk]
objetar (vt)	etiraz etmək	[ɛti'raz ɛt'mæk]

observar (vt)	müşaidə etmək	[myʃai'dæ ɛt'mæk]
ordenar (mil.)	əmr etmək	['æmr ɛt'mæk]
ouvir (vt)	eşitmək	[ɛʃit'mæk]
pagar (vt)	pulunu ödəmək	[pulʲu'nu ødæ'mæk]
parar (vi)	dayanmaq	[dajan'mah]

parar, cessar (vt)	kəsmək	[kæs'mæk]
participar (vi)	iştirak etmək	[iʃti'rak ɛt'mæk]
pedir (comida, etc.)	sifariş etmək	[sifa'riʃ ɛt'mæk]
pedir (um favor, etc.)	xahiş etmək	[xa'hiʃ ɛt'mæk]
pegar (tomar)	almaq	[al'mah]

pegar (uma bola)	tutmaq	[tut'mah]
pensar (vi, vt)	düşünmək	[dyʃyn'mæk]
perceber (ver)	görmək	[gør'mæk]
perdoar (vt)	bağışlamaq	[baɣıʃla'mah]
perguntar (vt)	soruşmaq	[soruʃ'mah]

permitir (vt)	icazə vermək	[idʒʲa'zæ vɛr'mæk]
pertencer a ... (vi)	mənsub olmaq	[mæn'sup ol'mah]
planejar (vt)	planlaşdırmaq	[planlaʃdır'mah]
poder (~ fazer algo)	bacarmaq	[badʒʲar'mah]
possuir (uma casa, etc.)	sahib olmaq	[sa'hip ol'mah]

preferir (vt)	üstünlük vermək	[ystyn'lyk vɛr'mæk]
preparar (vt)	hazırlamaq	[hazırla'mah]
prever (vt)	qabaqcadan görmək	[ga'bagdʒʲadan gør'mæk]
prometer (vt)	vəd etmək	['væd ɛt'mæk]
pronunciar (vt)	tələffüz etmək	[tælæf'fyz ɛt'mæk]

propor (vt)	təklif etmək	[tæk'lif ɛt'mæk]
punir (castigar)	cəzalandırmaq	[dʒʲæzalandır'mah]
quebrar (vt)	qırmaq	[gır'mah]
queixar-se de ...	şikayət etmək	[ʃika'jæt ɛt'mæk]
querer (desejar)	istəmək	[istæ'mæk]

16. Os verbos mais importantes. Parte 4

ralhar, repreender (vt)	danlamaq	[danla'mah]
recomendar (vt)	məsləhət görmək	[mæslæ'hæt gør'mæk]

repetir (dizer outra vez)	təkrar etmək	[tæk'rar ɛt'mæk]
reservar (~ um quarto)	sifariş etmək	[sifa'riʃ ɛt'mæk]
responder (vt)	cavab vermək	[dʒ'a'vap vɛr'mæk]
rezar, orar (vi)	dua etmək	[du'a ɛt'mæk]
rir (vi)	gülmək	[gyl'ʲ'mæk]
roubar (vt)	oğurlamaq	[oɣurla'mah]
saber (vt)	bilmək	[bil'mæk]
sair (~ de casa)	çıxmaq	[tʃɪx'mah]
salvar (resgatar)	xilas etmək	[χi'las ɛt'mæk]
seguir (~ alguém)	ardınca getmək	[ar'dındʒ'ʲa gɛt'mæk]
sentar-se (vr)	oturmaq	[otur'mah]
ser necessário	tələb olunmaq	[tæ'læp olʲun'mah]
ser, estar	olmaq	[ol'mah]
significar (vt)	ifadə etmək	[ifa'dæ ɛt'mæk]
sorrir (vi)	gülümsəmək	[gylymsæ'mæk]
subestimar (vt)	lazımi qədər qiymətləndirməmək	[lazı'mi gæ'dær gijmætlæn'dirmæmæk]
surpreender-se (vr)	təəccüblənmək	[taædʒyblæn'mæk]
tentar (~ fazer)	sınamaq	[sına'mah]
ter (vt)	malik olmaq	['malik ol'mah]
ter fome	yemək istəmək	[ɛ'mæk istɛ'mæk]
ter medo	qorxmaq	[gorχ'mah]
ter sede	içmək istəmək	[itʃ'mæk istæ'mæk]
tocar (com as mãos)	əl vurmaq	['æl vur'mah]
tomar café da manhã	səhər yeməyi yemək	[sæ'hær ɛmæ'jı ɛ'mæk]
trabalhar (vi)	işləmək	[iʃlæ'mæk]
traduzir (vt)	tərcümə etmək	[tærdʒy'mæ ɛt'mæk]
unir (vt)	birləşdirmək	[birlæʃdir'mæk]
vender (vt)	satmaq	[sat'mah]
ver (vt)	görmək	[gør'mæk]
virar (~ para a direita)	döndərmək	[døndær'mæk]
voar (vi)	uçmaq	[utʃ'mah]

TEMPO. CALENDÁRIO

17. Dias da semana

segunda-feira (f)	bazar ertəsi	[ba'zar ɛrtæ'si]
terça-feira (f)	çərşənbə axşamı	[ʧærʃæn'bæ aχʃa'mı]
quarta-feira (f)	çərşənbə	[ʧærʃæn'bæ]
quinta-feira (f)	cümə axşamı	[ʤy'mæ aχʃa'mı]
sexta-feira (f)	cümə	[ʤy'mæ]
sábado (m)	şənbə	[ʃæn'bæ]
domingo (m)	bazar	[ba'zar]
hoje	bu gün	['bu 'gyn]
amanhã	sabah	['sabah]
depois de amanhã	birigün	[bi'rigyn]
ontem	dünən	['dynæn]
anteontem	sıraǧa gün	[sıra'ɣa 'gyn]
dia (m)	gündüz	[gyn'dyz]
dia (m) de trabalho	iş günü	['iʃ gy'ny]
feriado (m)	bayram günü	[baj'ram gy'ny]
dia (m) de folga	istirahət günü	[istira'hæt gy'ny]
fim (m) de semana	istirahət günləri	[istira'hæt gynlɛ'ri]
o dia todo	bütün günü	[by'tyn gy'ny]
no dia seguinte	ertəsi gün	[ɛrtæ'si 'gyn]
há dois dias	iki gün qabaq	[i'ki 'gyn ga'bah]
na véspera	ərəfəsində	[æræfæsin'dæ]
diário (adj)	gündəlik	[gyndæ'lik]
todos os dias	hər gün	['hær 'gyn]
semana (f)	həftə	[hæf'tæ]
na semana passada	keçən həftə	[kɛ'ʧæn hæf'tæ]
semana que vem	gələn həftə	[gæ'læn hæf'tæ]
semanal (adj)	həftəlik	[hæftæ'lik]
toda semana	həftədə bir	[hæftæ'dæ 'bir]
duas vezes por semana	həftədə iki dəfə	[hæftæ'dæ i'ki dæ'fæ]
toda terça-feira	hər çərşənbə axşamı	['hær ʧærʃæn'bæ aχʃa'mı]

18. Horas. Dia e noite

manhã (f)	səhər	[sæ'hær]
de manhã	səhərçağı	[sæ'hær ʧa'ɣı]
meio-dia (m)	günorta	[gynor'ta]
à tarde	nahardan sonra	[nahar'dan son'ra]
tardinha (f)	axşam	[aχ'ʃam]
à tardinha	axşam	[aχ'ʃam]

24

noite (f)	gecə	[gɛ'dʒʲæ]
à noite	gecə	[gɛ'dʒʲæ]
meia-noite (f)	gecəyarı	[gɛdʒʲæja'rı]

segundo (m)	saniyə	[sani'jæ]
minuto (m)	dəqiqə	[dægi'gæ]
hora (f)	saat	[sa'at]
meia hora (f)	yarım saat	[ja'rım sa'at]
quarto (m) de hora	on beş dəqiqə	['on 'bɛʃ dægi'gæ]
quinze minutos	on beş dəqiqə	['on 'bɛʃ dægi'gæ]
vinte e quatro horas	gecə-gündüz	[gɛ'dʒʲæ gyn'dyz]

nascer (m) do sol	günəşin doğması	[gynæ'ʃin doɣma'sı]
amanhecer (m)	şəfəq	[ʃæ'fæh]
madrugada (f)	səhər tezdən	[sæ'hær tɛz'dæn]
pôr-do-sol (m)	gün batan çağı	['gyn ba'tan ʧa'ɣı]

de madrugada	erkəndən	[ɛrkæn'dæn]
esta manhã	bu gün səhər	['bu 'gyn sæ'hær]
amanhã de manhã	sabah səhər	['sabah sæ'hær]

esta tarde	bu gün günorta çağı	['bu 'gyn gynor'ta ʧa'ɣı]
à tarde	nahardan sonra	[nahar'dan son'ra]
amanhã à tarde	sabah nahardan sonra	['sabah nahar'dan son'ra]

esta noite, hoje à noite	bu gün axşam	['bu 'gyn aχ'ʃam]
amanhã à noite	sabah axşam	['sabah aχ'ʃam]

às três horas em ponto	saat üç tamamda	[sa'at 'juʧ tamam'da]
por volta das quatro	təxminən saat dörd radələrində	[tæχ'minæn sa'at 'dørd radælærin'dæ]
às doze	saat on iki üçün	[sa'at 'on i'ki ju'ʧun]

em vinte minutos	iyirmi dəqiqədən sonra	[ijır'mi dægigæ'dæn son'ra]
em uma hora	bir saatdan sonra	['bir saat'dan son'ra]
a tempo	vaxtında	[vaχtın'da]

… um quarto para	on beş dəqiqə qalmış	['on 'bɛʃ dægi'gæ gal'mıʃ]
dentro de uma hora	bir saat ərzində	['bir sa'at ærzin'dæ]
a cada quinze minutos	hər on beş dəqiqədən bir	['hær 'on 'bɛʃ dægigæ'dæn bir]
as vinte e quatro horas	gecə-gündüz	[gɛ'dʒʲæ gyn'dyz]

19. Meses. Estações

janeiro (m)	yanvar	[jan'var]
fevereiro (m)	fevral	[fɛv'ral]
março (m)	mart	['mart]
abril (m)	aprel	[ap'rɛl]
maio (m)	may	['maj]
junho (m)	iyun	[i'jun]

julho (m)	iyul	[i'jul]
agosto (m)	avqust	['avgust]

setembro (m)	sentyabr	[sɛn'tʲabr]
outubro (m)	oktyabr	[ok'tʲabr]
novembro (m)	noyabr	[no'jabr]
dezembro (m)	dekabr	[dɛ'kabr]

primavera (f)	yaz	['jaz]
na primavera	yazda	[jaz'da]
primaveril (adj)	yaz	['jaz]

verão (m)	yay	['jaj]
no verão	yayda	[jaj'da]
de verão	yay	['jaj]

outono (m)	payız	[pa'jɪz]
no outono	payızda	[pajɪz'da]
outonal (adj)	payız	[pa'jɪz]

inverno (m)	qış	['gɪʃ]
no inverno	qışda	[gɪʃ'da]
de inverno	qış	['gɪʃ]

mês (m)	ay	['aj]
este mês	bu ay	['bu 'aj]
mês que vem	gələn ay	[gæ'læn 'aj]
no mês passado	keçən ay	[kɛ'tʃæn 'aj]

um mês atrás	bir ay qabaq	['bir 'aj ga'bah]
em um mês	bir aydan sonra	['bir aj'dan son'ra]
em dois meses	iki aydan sonra	[i'ki aj'dan son'ra]
todo o mês	bütün ay	[by'tyn 'aj]
um mês inteiro	bütöv ay	[by'tøv 'aj]

mensal (adj)	aylıq	[aj'lɪh]
mensalmente	ayda bir dəfə	[aj'da 'bir dæfæ]
todo mês	hər ay	['hær 'aj]
duas vezes por mês	ayda iki dəfə	[aj'da i'ki dæ'fæ]

ano (m)	il	['il]
este ano	bu il	['bu 'il]
ano que vem	gələn il	[gæ'læn 'il]
no ano passado	keçən il	[kɛ'tʃæn 'il]

há um ano	bir il əvvəl	['bir 'il æv'væl]
em um ano	bir ildən sonra	['bir il'dæn son'ra]
dentro de dois anos	iki ildən sonra	[i'ki il'dæn son'ra]
todo o ano	il uzunu	['il uzu'nu]
um ano inteiro	bütün il boyu	[by'tyn il bo'ju]

cada ano	hər il	['hær 'il]
anual (adj)	illik	[il'lik]
anualmente	hər ilki	['hær il'ki]
quatro vezes por ano	ildə dörd dəfə	[il'dæ 'dørd dæ'fæ]

data (~ de hoje)	gün	['gyn]
data (ex. ~ de nascimento)	tarix	[ta'rix]
calendário (m)	təqvim	[tæg'vim]

meio ano	**yarım il**	[ja'rım 'il]
seis meses	**yarım illik**	[ja'rım il'lik]
estação (f)	**mövsüm**	[møv'sym]
século (m)	**əsr**	['æsr]

VIAGENS. HOTEL

20. Viagens

turismo (m)	turizm	[tu'rizm]
turista (m)	turist	[tu'rist]
viagem (f)	seyahet	[sæja'hæt]
aventura (f)	macera	[madʒ'æ'ra]
percurso (curta viagem)	sefer	[sæ'fær]

férias (f pl)	mezuniyyet	[mæzuni'æt]
estar de férias	mezuniyyetde olmaq	[mæzuniæt'dæ ol'mah]
descanso (m)	istirahet	[istira'hæt]

trem (m)	qatar	[ga'tar]
de trem (chegar ~)	qatarla	[ga'tarla]
avião (m)	teyyare	[tæja'ræ]
de avião	teyyare ile	[tæja'ræ i'læ]
de carro	maşınla	[ma'ʃınla]
de navio	gemide	[gæmi'dæ]

bagagem (f)	baqaj	[ba'gaʒ]
mala (f)	çamadan	[ʧama'dan]
carrinho (m)	baqaj üçün araba	[ba'gaʒ ju'ʧun ara'ba]

passaporte (m)	pasport	['pasport]
visto (m)	viza	['viza]
passagem (f)	bilet	[bi'lɛt]
passagem (f) aérea	teyyare bileti	[tæja'ræ bilɛ'ti]

guia (m) de viagem	soraq kitabçası	[so'rah kitabʧa'sı]
mapa (m)	xerite	[ˣæri'tæ]
área (f)	yer	['ɛr]
lugar (m)	yer	['ɛr]

exotismo (m)	ekzotika	[ɛk'zotika]
exótico (adj)	ekzotik	[ɛkzo'tik]
surpreendente (adj)	teeccüb doğuran	[taæ'dʒyp doɣu'ran]

grupo (m)	qrup	['grup]
excursão (f)	ekskursiya	[ɛks'kursija]
guia (m)	ekskursiya rehberi	[ɛks'kursija ræhbæ'ri]

21. Hotel

hotel (m)	mehmanxana	[mɛhmanˣa'na]
motel (m)	motel	[mo'tɛl]
três estrelas	3 ulduzlu	['juʧ ulduz'ᶘu]

| cinco estrelas | 5 ulduzlu | ['bɛʃ ulduz'lʲu] |
| ficar (vi, vt) | qalmaq | [gal'mah] |

quarto (m)	nömrə	[nøm'ræ]
quarto (m) individual	bir nəfərlik nömrə	['bir næfær'lik nøm'ræ]
quarto (m) duplo	iki nəfərlik nömrə	[i'ki næfær'lik nøm'ræ]
reservar um quarto	nömrə təxsis etmək	[nøm'ræ tæχ'sis ɛt'mæk]

| meia pensão (f) | yarım pansion | [ja'rım pansi'on] |
| pensão (f) completa | tam pansion | ['tam pansi'on] |

com banheira	vannası olan nömrə	[vanna'sı o'lan nøm'ræ]
com chuveiro	duşu olan nömrə	[du'ʃu o'lan nøm'ræ]
televisão (m) por satélite	peyk televiziyası	['pɛjk tɛlɛ'vizijası]
ar (m) condicionado	kondisioner	[kondisio'nɛr]
toalha (f)	dəsmal	[dæs'mal]
chave (f)	açar	[a'ʧar]

administrador (m)	müdir	[my'dir]
camareira (f)	otaq qulluqçusu	[o'tah gullʲugʧu'su]
bagageiro (m)	yükdaşıyan	[jykdaʃı'jan]
porteiro (m)	qapıçı	[gapı'ʧı]

restaurante (m)	restoran	[rɛsto'ran]
bar (m)	bar	['bar]
café (m) da manhã	səhər yeməyi	[sæ'hær ɛmɛ'jı]
jantar (m)	axşam yeməyi	[aχ'ʃam ɛmɛ'jı]
bufê (m)	İsveç masası	[is'vɛʧ masa'sı]

| saguão (m) | vestibül | [vɛsti'byl] |
| elevador (m) | lift | ['lift] |

| NÃO PERTURBE | NARAHAT ETMƏYİN! | [nara'hat 'ɛtmæjın] |
| PROIBIDO FUMAR! | SİQARET ÇƏKMƏYİN! | [siga'rɛt 'ʧækmæjın] |

22. Turismo

monumento (m)	abidə	[abi'dæ]
fortaleza (f)	qala	[ga'la]
palácio (m)	saray	[sa'raj]
castelo (m)	qəsr	['gæsr]
torre (f)	qüllə	[gyl'læ]
mausoléu (m)	məqbərə	[mægbæ'ræ]

arquitetura (f)	memarlıq	[mɛmar'lıh]
medieval (adj)	orta əsrlərə aid	[or'ta æsrlæ'ræ a'id]
antigo (adj)	qədimi	[gædi'mi]
nacional (adj)	milli	[mil'li]
famoso, conhecido (adj)	məşhur	[mæʃ'hur]

turista (m)	turist	[tu'rist]
guia (pessoa)	bələdçi	[bælæd'ʧi]
excursão (f)	gəzinti	[gæzin'ti]
mostrar (vt)	göstərmək	[gøstær'mæk]

contar (vt)	söyləmək	[søjlæ'mæk]
encontrar (vt)	tapmaq	[tap'mah]
perder-se (vr)	itmək	[it'mæk]
mapa (~ do metrô)	sxem	['sχɛm]
mapa (~ da cidade)	plan	['plan]
lembrança (f), presente (m)	suvenir	[suvɛ'nir]
loja (f) de presentes	suvenir mağazası	[suvɛ'nir ma'ɣazası]
tirar fotos, fotografar	fotoşəkil çəkmək	[fotoʃæ'kil ʧæk'mæk]
fotografar-se (vr)	fotoşəkil çəkdirmək	[fotoʃæ'kil ʧækdir'mæk]

TRANSPORTES

23. Aeroporto

aeroporto (m)	hava limanı	[ha'va lima'nı]
avião (m)	təyyarə	[tæja'ræ]
companhia (f) aérea	hava yolu şirkəti	[ha'va jo'lʲu ʃirkæ'ti]
controlador (m) de tráfego aéreo	dispetçer	[dis'petʃɛr]

partida (f)	uçub getmə	[u'ʧup gɛt'mæ]
chegada (f)	uçub gəlmə	[u'ʧup gæl'mæ]
chegar (vi)	uçub gəlmək	[u'ʧup gæl'mæk]

hora (f) de partida	yola düşmə vaxtı	[jo'la dyʃmæ vaχ'tı]
hora (f) de chegada	gəlmə vaxtı	[gæl'mæ vaχ'tı]

estar atrasado	gecikmək	[gɛdʒʲik'mæk]
atraso (m) de voo	uçuşun gecikməsi	[uʧu'ʃun gɛdʒʲikmæ'si]

painel (m) de informação	məlumat lövhəsi	[mælʲu'mat løvhæ'si]
informação (f)	məlumat	[mælʲu'mat]
anunciar (vt)	elan etmək	[ɛ'lan ɛt'mæk]
voo (m)	reys	['rɛjs]

alfândega (f)	gömrük	[gøm'ryk]
funcionário (m) da alfândega	gömrük işçisi	[gøm'ryk iʧʲi'si]

declaração (f) alfandegária	bəyannamə	[bæjanna'mæ]
preencher a declaração	bəyannaməni doldurmaq	[bæjannamæ'ni doldur'mah]
controle (m) de passaporte	pasport nəzarəti	['pasport næzaræ'ti]

bagagem (f)	baqaj	[ba'gaʒ]
bagagem (f) de mão	əl yükü	['æl ju'ky]
carrinho (m)	araba	[ara'ba]

pouso (m)	enmə	[ɛn'mæ]
pista (f) de pouso	enmə zolağı	[ɛn'mæ zola'ɣı]
aterrissar (vi)	enmək	[ɛn'mæk]
escada (f) de avião	pilləkən	[pillæ'kæn]

check-in (m)	qeydiyyat	[gɛjdi'at]
balcão (m) do check-in	qeydiyyat yeri	[gɛjdi'at ɛ'ri]
fazer o check-in	qeydiyyatdan keçmək	[gɛjdiat'dan kɛʧ'mæk]
cartão (m) de embarque	minik talonu	[mi'nik talo'nu]
portão (m) de embarque	çıxış	[ʧʲı'χıʃ]

trânsito (m)	tranzit	[tran'zit]
esperar (vi, vt)	gözləmək	[gøzlæ'mæk]
sala (f) de espera	gözləmə zalı	[gøzlæ'mæ za'lı]

| despedir-se (acompanhar) | yola salmaq | [jo'la sal'mah] |
| despedir-se (dizer adeus) | vidalaşmaq | [vidalaʃ'mah] |

24. Avião

avião (m)	təyyarə	[tæja'ræ]
passagem (f) aérea	təyyarə bileti	[tæja'ræ bilɛ'ti]
companhia (f) aérea	hava yolu şirkəti	[ha'va jo'lʲu ʃirkæ'ti]
aeroporto (m)	hava limanı	[ha'va lima'nı]
supersônico (adj)	səsdən sürətli	[sæs'dæn syræt'li]

comandante (m) do avião	hava gəmisinin komandiri	[ha'va gæmisi'nin komandi'ri]
tripulação (f)	heyyət	[hɛ'jæt]
piloto (m)	pilot	[pi'lot]
aeromoça (f)	stüardessa	[styar'dɛssa]
copiloto (m)	şturman	['ʃturman]

asas (f pl)	qanadlar	[ganad'lar]
cauda (f)	arxa	[ar'χa]
cabine (f)	kabina	[ka'bina]
motor (m)	mühərrik	[myhær'rik]
trem (m) de pouso	şassi	[ʃas'si]
turbina (f)	turbina	[tur'bina]
hélice (f)	propeller	[pro'pɛllɛr]
caixa-preta (f)	qara qutu	[ga'ra gu'tu]
coluna (f) de controle	sükan çarxı	[sy'kʲan tʃar'χı]
combustível (m)	yanacaq	[jana'dʒʲah]

instruções (f pl) de segurança	təlimat	[tæli'mat]
máscara (f) de oxigênio	oksigen maskası	[oksi'gɛn maska'sı]
uniforme (m)	rəsmi paltar	[ræs'mi pal'tar]
colete (m) salva-vidas	xilas edici jilet	[χi'las ædi'dʒʲi ʒi'lɛt]
paraquedas (m)	paraşüt	[para'ʃyt]
decolagem (f)	havaya qalxma	[hava'ja galχ'ma]
descolar (vi)	havaya qalxmaq	[hava'ja galχ'mah]
pista (f) de decolagem	qalxma-enmə zolağı	[galχ'ma ɛn'mæ zola'ɣı]

visibilidade (f)	görünmə dərəcəsi	[gøryn'mæ dærædʒʲæ'si]
voo (m)	uçuş	[u'tʃuʃ]
altura (f)	hündürlük	[hyndyr'lyk]
poço (m) de ar	hava boşluğu	[ha'va boʃlʲu'ɣu]

assento (m)	yer	['ɛr]
fone (m) de ouvido	qulaqlıqlar	[gulaglıg'lar]
mesa (f) retrátil	qatlanan masa	[gatla'nan ma'sa]
janela (f)	illüminator	[illymi'nator]
corredor (m)	keçid	[kɛ'tʃid]

25. Comboio

| trem (m) | qatar | [ga'tar] |
| trem (m) elétrico | elektrik qatarı | [ɛlɛkt'rik gata'rı] |

trem (m)	sürət qatarı	[sy'ræt gata'rı]
locomotiva (f) diesel	teplovoz	[tɛplo'voz]
locomotiva (f) a vapor	parovoz	[paro'voz]

| vagão (f) de passageiros | vaqon | [va'gon] |
| vagão-restaurante (m) | vaqon-restoran | [va'gon rɛsto'ran] |

carris (m pl)	relslər	[rɛls'lær]
estrada (f) de ferro	dəmiryolu	[dæmirjo'lʲu]
travessa (f)	şpal	['ʃpal]

plataforma (f)	platforma	[plat'forma]
linha (f)	yol	['jol]
semáforo (m)	semafor	[sɛma'for]
estação (f)	stansiya	['stansija]

maquinista (m)	maşınsürən	[maʃınsy'ræn]
bagageiro (m)	yükdaşıyan	[jykdaʃı'jan]
hospedeiro, -a (m, f)	belədçi	[bælæd'ʧi]
passageiro (m)	sərnişin	[særni'ʃin]
revisor (m)	nəzarətçi	[næzaræ'ʧi]

| corredor (m) | dəhliz | [dæh'liz] |
| freio (m) de emergência | stop-kran | ['stop 'kran] |

compartimento (m)	kupe	[ku'pɛ]
cama (f)	yataq yeri	[ja'tah ɛ'ri]
cama (f) de cima	yuxarı yer	[juχa'rı 'ɛr]
cama (f) de baixo	aşağı yer	[aʃa'ɣı 'ɛr]
roupa (f) de cama	yataq dəyişəyi	[ja'tah dæiʃæ'jı]

passagem (f)	bilet	[bi'lɛt]
horário (m)	cədvəl	[ʤʲæd'væl]
painel (m) de informação	lövhə	[løv'hæ]

partir (vt)	yola düşmək	[jo'la dyʃ'mæk]
partida (f)	yola düşmə	[jo'la dyʃ'mæ]
chegar (vi)	gəlmək	[gæl'mæk]
chegada (f)	gəlmə	[gæl'mæ]

chegar de trem	qatarla gəlmək	[ga'tarla gæl'mæk]
pegar o trem	qatara minmək	[gata'ra min'mæk]
descer de trem	qatardan düşmək	[gatar'dan dyʃ'mæk]

acidente (m) ferroviário	qəza	[gæ'za]
locomotiva (f) a vapor	parovoz	[paro'voz]
foguista (m)	ocaqçı	[oʤʲag'ʧı]
fornalha (f)	odluq	[od'lʲuh]
carvão (m)	kömür	[kø'myr]

26. Barco

| navio (m) | gəmi | [gæ'mi] |
| embarcação (f) | gəmi | [gæ'mi] |

barco (m) a vapor	paroxod	[paro'χod]
barco (m) fluvial	teploxod	[tɛplo'χod]
transatlântico (m)	layner	['lajnɛr]
cruzeiro (m)	kreyser	['krɛjsɛr]

iate (m)	yaxta	['jaχta]
rebocador (m)	yedək	[ɛ'dæk]
barcaça (f)	barja	['barʒa]
ferry (m)	bərə	[bæ'ræ]

veleiro (m)	yelkənli qayıq	[ɛlkæn'li ga'jıh]
bergantim (m)	briqantina	[brigan'tina]

quebra-gelo (m)	buzqıran	[buzgı'ran]
submarino (m)	sualtı qayıq	[sual'tı ga'jıh]

bote, barco (m)	qayıq	[ga'jıh]
baleeira (bote salva-vidas)	şlyupka	['ʃlʲupka]
bote (m) salva-vidas	xilasetmə şlyupkası	[χilasɛt'mæ ʃlʲupka'sı]
lancha (f)	kater	['katɛr]

capitão (m)	kapitan	[kapi'tan]
marinheiro (m)	matros	[mat'ros]
marujo (m)	dənizçi	[dæniz'ʧi]
tripulação (f)	heyyət	[hɛ'jæt]

contramestre (m)	bosman	['bosman]
grumete (m)	gəmi şagirdi	[gæ'mi ʃagir'di]
cozinheiro (m) de bordo	gəmi aşpazı	[gæ'mi aʃpa'zı]
médico (m) de bordo	gəmi həkimi	[gæ'mi hæki'mi]

convés (m)	göyərtə	[gøjær'tæ]
mastro (m)	dirək	[di'ræk]
vela (f)	yelkən	[ɛl'kæn]

porão (m)	anbar	[an'bar]
proa (f)	gəminin qabaq tərəfi	[gæmi'nin ga'bah tæræ'fi]
popa (f)	gəminin arxa tərəfi	[gæmi'nin ar'χa tæræ'fi]
remo (m)	avar	[a'var]
hélice (f)	pərvanə	[pærva'næ]

cabine (m)	kayuta	[ka'juta]
sala (f) dos oficiais	kayut-kompaniya	[ka'jut kom'panija]
sala (f) das máquinas	maşın bölməsi	[ma'ʃın bølmæ'si]
ponte (m) de comando	kapitan körpüsü	[kapi'tan kørpy'sy]
sala (f) de comunicações	radio-rubka	['radio 'rupka]
onda (f)	radio dalğası	['radio dalɣa'sı]
diário (m) de bordo	gəmi jurnalı	[gæ'mi ʒurna'lı]

luneta (f)	müşahidə borusu	[myʃai'dæ boru'su]
sino (m)	zəng	['zænh]
bandeira (f)	bayraq	[baj'rah]

cabo (m)	kanat	[ka'nat]
nó (m)	dənizçi düyünü	[dæniz'ʧi dyju'ny]
corrimão (m)	məhəccər	[mæhæ'dʒʲær]

prancha (f) de embarque	**pilleken**	[pillæ'kæn]
âncora (f)	**lövber**	[løv'bær]
recolher a âncora	**lövberi qaldırmaq**	[løvbæ'ri galdır'mah]
jogar a âncora	**lövber salmaq**	[løv'bær sal'mah]
amarra (corrente de âncora)	**lövber zenciri**	[løv'bær zændʒi'ri]

porto (m)	**liman**	[li'man]
cais, amarradouro (m)	**körpü**	[kør'py]
atracar (vi)	**sahile yaxınlaşmaq**	[sahi'læ jaxınlaʃ'mah]
desatracar (vi)	**sahilden ayrılmaq**	[sahil'dæn ajrıl'mah]

viagem (f)	**seyahet**	[sæja'hæt]
cruzeiro (m)	**kruiz**	[kru'iz]
rumo (m)	**istiqamet**	[istiga'mæt]
itinerário (m)	**marşrut**	[marʃ'rut]

canal (m) de navegação	**farvater**	[far'vatɛr]
banco (m) de areia	**say**	['saj]
encalhar (vt)	**saya oturmaq**	[sa'ja otur'mah]

tempestade (f)	**fırtına**	[fırtı'na]
sinal (m)	**siqnal**	[sig'nal]
afundar-se (vr)	**batmaq**	[bat'mah]
SOS	**SOS**	['sos]
boia (f) salva-vidas	**xilas edici daire**	[xilas ɛdi'dʒi dai'ræ]

CIDADE

27. Transportes urbanos

ônibus (m)	avtobus	[av'tobus]
bonde (m) elétrico	tramvay	[tram'vaj]
trólebus (m)	trolleybus	[trol'lɛjbus]
rota (f), itinerário (m)	marşrut	[marʃ'rut]
número (m)	nömrə	[nøm'ræ]
ir de ... (carro, etc.)	getmək	[gɛt'mæk]
entrar no ...	minmək	[min'mæk]
descer do ...	enmək	[ɛn'mæk]
parada (f)	dayanacaq	[dajana'dʒʲah]
próxima parada (f)	növbəti dayanacaq	[nøvbæ'ti dajana'dʒʲah]
terminal (m)	axırıncı dayanacaq	[aχırın'dʒʲı dajana'dʒʲah]
horário (m)	hərəkət cədvəli	[hæræ'kæt dʒʲædvæ'li]
esperar (vt)	gözləmək	[gøzlæ'mæk]
passagem (f)	bilet	[bi'lɛt]
tarifa (f)	biletin qiyməti	[bilɛ'tin gijmæ'ti]
bilheteiro (m)	kassir	[kas'sir]
controle (m) de passagens	nəzarət	[næza'ræt]
revisor (m)	nəzarətçi	[næzaræ'tʃi]
atrasar-se (vr)	gecikmək	[gɛdʒʲik'mæk]
perder (o autocarro, etc.)	gecikmək	[gɛdʒʲik'mæk]
estar com pressa	tələsmək	[tælæs'mæk]
táxi (m)	taksi	[tak'si]
taxista (m)	taksi sürücüsü	[tak'si syrydʒy'sy]
de táxi (ir ~)	taksi ilə	[tak'si i'læ]
ponto (m) de táxis	taksi dayanacağı	[tak'si dajanadʒʲa'ɣı]
chamar um táxi	taksi sifariş etmək	[tak'si sifa'riʃ ɛt'mæk]
pegar um táxi	taksi tutmaq	[tak'si tut'mah]
tráfego (m)	küçə hərəkəti	[ky'tʃæ hærækæ'ti]
engarrafamento (m)	tıxac	[tı'χadʒʲ]
horas (f pl) de pico	pik saatları	['pik saatla'rı]
estacionar (vi)	park olunmaq	['park olʲun'mah]
estacionar (vt)	park etmək	['park ɛt'mæk]
parque (m) de estacionamento	avtomobil dayanacağı	[avtomo'bil dajanadʒʲa'ɣı]
metrô (m)	metro	[mɛt'ro]
estação (f)	stansiya	['stansija]
ir de metrô	metro ilə getmək	[mɛt'ro i'læ gɛt'mæk]
trem (m)	qatar	[ga'tar]
estação (f) de trem	dəmiryol vağzalı	[dæ'mirjol vaɣza'lı]

28. Cidade. Vida na cidade

cidade (f)	şəhər	[ʃæ'hær]
capital (f)	paytaxt	[paj'taχt]
aldeia (f)	kənd	['kænd]

mapa (m) da cidade	şəhərin planı	[ʃæhæ'rin pla'nı]
centro (m) da cidade	şəhərin mərkəzi	[ʃæhæ'rin mærkæ'zi]
subúrbio (m)	şəhərətrafı qəsəbə	[ʃæhærætra'fı gæsæ'bæ]
suburbano (adj)	şəhərətrafı	[ʃæhærætra'fı]

periferia (f)	kənar	[kæ'nar]
arredores (m pl)	ətraf yerlər	[æt'raf ɛr'lɛr]
quarteirão (m)	məhəllə	[mæhæl'læ]
quarteirão (m) residencial	yaşayış məhəlləsi	[jaʃa'jıʃ mæhællæ'si]

tráfego (m)	hərəkət	[hæræ'kæt]
semáforo (m)	svetofor	[svɛto'for]
transporte (m) público	şəhər nəqliyyatı	[ʃæ'hær næglia'tı]
cruzamento (m)	dörd yol ağzı	[dørd 'jol a'ɣzı]

faixa (f)	keçid	[kɛ'tʃid]
túnel (m) subterrâneo	yeraltı keçid	[ɛral'tı kɛ'tʃid]
cruzar, atravessar (vt)	keçmək	[kɛtʃ'mæk]
pedestre (m)	piyada gedən	[pija'da gɛ'dæn]
calçada (f)	küçə səkisi	[ky'tʃæ sæki'si]

ponte (f)	körpü	[kør'py]
margem (f) do rio	sahil küçəsi	[sa'hil kytʃæ'si]
fonte (f)	fəvvarə	['fævva'ræ]

alameda (f)	xiyaban	[χija'ban]
parque (m)	park	['park]
bulevar (m)	bulvar	[bul'var]
praça (f)	meydan	[mɛj'dan]
avenida (f)	prospekt	[pros'pɛkt]
rua (f)	küçə	[ky'tʃæ]
travessa (f)	döngə	[dø'ngæ]
beco (m) sem saída	dalan	[da'lan]

casa (f)	ev	['ɛv]
edifício, prédio (m)	bina	[bi'na]
arranha-céu (m)	göydələn	[gøjdæ'læn]

fachada (f)	fasad	[fa'sad]
telhado (m)	dam	['dam]
janela (f)	pəncərə	[pændʒ'æ'ræ]
arco (m)	arka	['arka]
coluna (f)	sütun	[sy'tun]
esquina (f)	tin	['tin]

vitrine (f)	vitrin	[vit'rin]
letreiro (m)	lövhə	[løv'hæ]
cartaz (do filme, etc.)	afişa	[a'fiʃa]
cartaz (m) publicitário	reklam plakatı	[rɛk'lam plaka'tı]

painel (m) publicitário	reklam lövhəsi	[rɛk'lam løvhæ'si]
lixo (m)	tullantılar	[tullantı'lar]
lata (f) de lixo	urna	['urna]
jogar lixo na rua	zibillǝmǝk	[zibillæ'mæk]
aterro (m) sanitário	zibil tökülǝn yer	[zi'bil tøky'læn 'ɛr]

orelhão (m)	telefon budkası	[tɛlɛ'fon budka'sı]
poste (m) de luz	fǝnǝrli dirǝk	[fænær'li di'ræk]
banco (m)	skamya	[skam'ja]

polícia (m)	polis işçisi	[po'lis iʃtʃi'si]
polícia (instituição)	polis	[po'lis]
mendigo, pedinte (m)	dilǝnçi	[dilæn'tʃi]
desabrigado (m)	evsiz-eşiksiz	[ɛv'siz æʃik'siz]

29. Instituições urbanas

loja (f)	mağaza	[ma'ɣaza]
drogaria (f)	aptek	[ap'tɛk]
ótica (f)	optik cihazlar	[op'tik ʤ'ihaz'lar]
centro (m) comercial	ticarǝt mǝrkǝzi	[tidʒ'a'ræt mærkæ'zi]
supermercado (m)	supermarket	[supɛr'markɛt]

padaria (f)	çörǝkçixana	[tʃœræktʃiχa'na]
padeiro (m)	çörǝkçi	['tʃœræk'tʃi]
pastelaria (f)	şirniyyat mağazası	[ʃirni'at ma'ɣazası]
mercearia (f)	bakaleya mağazası	[baka'lɛja ma'ɣazası]
açougue (m)	ǝt dükanı	['æt dyka'nı]

fruteira (f)	tǝrǝvǝz dükanı	[tæræ'væz dyka'nı]
mercado (m)	bazar	[ba'zar]

cafeteria (f)	kafe	[ka'fɛ]
restaurante (m)	restoran	[rɛsto'ran]
bar (m)	pivǝxana	[pivæχa'na]
pizzaria (f)	pitseriya	[pitsɛ'rija]

salão (m) de cabeleireiro	bǝrbǝrxana	[bærbærχa'na]
agência (f) dos correios	poçt	['potʃt]
lavanderia (f)	kimyǝvi tǝmizlǝmǝ	[kimjæ'vi tæmizlæ'mæ]
estúdio (m) fotográfico	fotoatelye	[fotoatɛ'ljɛ]

sapataria (f)	ayaqqabı mağazası	[ajakka'bı ma'ɣazası]
livraria (f)	kitab mağazası	[ki'tap ma'ɣazası]
loja (f) de artigos esportivos	idman malları mağazası	[id'man malla'rı ma'ɣazası]

costureira (m)	paltarların tǝmiri	[paltarla'rın tæmi'ri]
aluguel (m) de roupa	paltarların kirayǝsi	[paltarla'rın kirajæ'si]
videolocadora (f)	filmlǝrin kirayǝsi	[filmlæ'rin kirajæ'si]

circo (m)	sirk	['sirk]
jardim (m) zoológico	heyvanat parkı	[hɛjva'nat par'kı]
cinema (m)	kinoteatr	[kinotɛ'atr]
museu (m)	muzey	[mu'zɛj]

biblioteca (f)	kitabxana	[kitapχa'na]
teatro (m)	teatr	[tɛ'atr]
ópera (f)	opera	['opɛra]
boate (casa noturna)	gecə klubu	[gɛ'dʒʲæ klʲu'bu]
cassino (m)	kazino	[kazi'no]

mesquita (f)	məsçid	[mæs'tʃid]
sinagoga (f)	sinaqoq	[sina'goh]
catedral (f)	baş kilsə	['baʃ kil'sæ]
templo (m)	məbəd	[mæ'bæd]
igreja (f)	kilsə	[kil'sæ]

faculdade (f)	institut	[insti'tut]
universidade (f)	universitet	[univɛrsi'tɛt]
escola (f)	məktəb	[mæk'tæp]

prefeitura (f)	prefektura	[prɛfɛk'tura]
câmara (f) municipal	bələdiyyə	[bælædi'æ]
hotel (m)	mehmanxana	[mɛhmanχa'na]
banco (m)	bank	['bank]

embaixada (f)	səfirlik	[sæfir'lik]
agência (f) de viagens	turizm agentliyi	[tu'rizm agɛntli'jɪ]
agência (f) de informações	məlumat bürosu	[mælʲu'mat byro'su]
casa (f) de câmbio	mübadilə məntəqəsi	[mybadi'læ mæntægæ'si]

metrô (m)	metro	[mɛt'ro]
hospital (m)	xəstəxana	[χæstæχa'na]

posto (m) de gasolina	yanacaq doldurma məntəqəsi	[jana'dʒʲah doldur'ma mæntægæ'si]
parque (m) de estacionamento	avtomobil dayanacağı	[avtomo'bil dajanadʒʲa'ɣɪ]

30. Sinais

letreiro (m)	lövhə	[løv'hæ]
aviso (m)	yazı	[ja'zɪ]
cartaz, pôster (m)	plakat	[pla'kat]
placa (f) de direção	göstərici	[gøstɛri'dʒʲi]
seta (f)	göstərici əqrəb	[gøstɛri'dʒʲi æg'ræp]

aviso (advertência)	xəbərdarlıq	[χæbærdar'lıh]
sinal (m) de aviso	xəbərdarlıq	[χæbærdar'lıh]
avisar, advertir (vt)	xəbərdarlıq etmək	[χæbærdar'lıh ɛt'mæk]

dia (m) de folga	istirahət günü	[istira'hæt gy'ny]
horário (~ dos trens, etc.)	cədvəl	[dʒʲæd'væl]
horário (m)	iş saatları	['iʃ saatla'rı]

BEM-VINDOS!	XOŞ GƏLMİŞSİNİZ!	['χoʃ gæl'miʃsiniz]
ENTRADA	GİRİŞ	[gi'riʃ]
SAÍDA	ÇIXIŞ	[tʃı'χıʃ]
EMPURRE	ÖZÜNDƏN	[øzyn'dæn]
PUXE	ÖZÜNƏ TƏRƏF	[øzy'næ tæ'ræf]

39

| ABERTO | AÇIQDIR | [a'tʃɪgdɪr] |
| FECHADO | BAĞLIDIR | [ba'ɣlɪdɪr] |

| MULHER | QADINLAR ÜÇÜN | [gadɪn'lar ju'tʃun] |
| HOMEM | KİŞİLƏR ÜÇÜN | [kiʃi'lær ju'tʃun] |

DESCONTOS	ENDİRİMLƏR	[ɛndirim'lær]
SALDOS, PROMOÇÃO	ENDİRİMLİ SATIŞ	[ɛndirim'li sa'tɪʃ]
NOVIDADE!	YENİ MAL!	[ɛ'ni 'mal]
GRÁTIS	PULSUZ	[pul'suz]

ATENÇÃO!	DİQQƏT!	[dik'kæt]
NÃO HÁ VAGAS	BOŞ YER YOXDUR	['boʃ 'ɛr 'joχdur]
RESERVADO	SİFARİŞ EDİLİB	[sifa'riʃ ɛdi'lip]

ADMINISTRAÇÃO	MÜDİRİYYƏT	[mydiri'æt]
SOMENTE PESSOAL	YALNIZ İŞÇİLƏR ÜÇÜN	['jalnɪz iʃtʃi'lær ju'tʃun]
AUTORIZADO		

CUIDADO CÃO FEROZ	TUTAĞAN İT	[tuta'ɣan 'it]
PROIBIDO FUMAR!	SİQARET ÇƏKMƏYİN!	[siga'rɛt 'tʃækmæjɪn]
NÃO TOCAR	ƏL VURMAYIN!	['æl 'vurmajɪn]

PERIGOSO	TƏHLÜKƏLİDİR	[tæhlykæ'lidir]
PERIGO	TƏHLÜKƏ	[tæhly'kæ]
ALTA TENSÃO	YÜKSƏK GƏRGİNLİK	[jyk'sæk gærgin'lik]
PROIBIDO NADAR	ÇİMMƏK QADAĞANDIR	[tʃim'mæk gada'ɣandɪr]
COM DEFEITO	İŞLƏMİR	[iʃ'læmir]

INFLAMÁVEL	ODDAN TƏHLÜKƏLİDİR	[od'dan tæhlykæ'lidir]
PROIBIDO	QADAĞANDIR	[gada'ɣandɪr]
ENTRADA PROIBIDA	KEÇMƏK QADAĞANDIR	[kɛtʃ'mæk gada'ɣandɪr]
CUIDADO TINTA FRESCA	RƏNGLƏNİB	[rænglæ'nip]

31. Compras

comprar (vt)	almaq	[al'mah]
compra (f)	satın alınmış şey	[sa'tɪn alɪn'mɪʃ 'ʃɛj]
fazer compras	alış-veriş etmək	[ə'lɪʃ vɛ'riʃ æt'mæk]
compras (f pl)	şoppinq	['ʃoppinh]

| estar aberta (loja) | işləmək | [iʃlæ'mæk] |
| estar fechada | bağlanmaq | [baɣlan'mah] |

calçado (m)	ayaqqabı	[ajakka'bɪ]
roupa (f)	geyim	[gɛ'jɪm]
cosméticos (m pl)	kosmetika	[kos'mɛtika]
alimentos (m pl)	ərzaq	[ær'zah]
presente (m)	hədiyyə	[hædi'æ]

vendedor (m)	satıcı	[satɪ'dʒɪ]
vendedora (f)	satıcı qadın	[satɪ'dʒɪ ga'dɪn]
caixa (f)	kassa	['kassa]
espelho (m)	güzgü	[gyz'gy]

balcão (m)   **piştaxta**   [piʃtaχ'ta]
provador (m)   **paltarı ölçüb baxmaq**   [palta'rı øl'ʧup baχ'mah
   üçün yer   ju'ʧun 'ɛr]

provar (vt)   **paltarı ölçüb baxmaq**   [palta'rı øl'ʧup baχ'mah]
servir (roupa, caber)   **münasib olmaq**   [myna'sip ol'mah]
gostar (apreciar)   **xoşuna gəlmək**   [χoʃu'na gæl'mæk]

preço (m)   **qiymət**   [gij'mæt]
etiqueta (f) de preço   **qiymət yazılan birka**   [gij'mæt jazı'lan 'birka]
custar (vt)   **qiyməti olmaq**   [gijmæ'ti ol'mah]
Quanto?   **Neçəyədir?**   [nɛʧæ'jædir]
desconto (m)   **endirim**   [ɛndi'rim]

não caro (adj)   **baha olmayan**   [ba'ha 'olmajan]
barato (adj)   **ucuz**   [u'ʤyz]
caro (adj)   **bahalı**   [baha'lı]
É caro   **Bu, bahadır.**   ['bu ba'hadır]

aluguel (m)   **kirayə**   [kira'jæ]
alugar (roupas, etc.)   **kirayəyə götürmək**   [kirajæ'jæ gøtyr'mæk]
crédito (m)   **kredit**   [krɛ'dit]
a crédito   **kreditlə almaq**   [krɛ'ditlæ al'mah]

VESTUÁRIO & ACESSÓRIOS

32. Roupa exterior. Casacos

roupa (f)	geyim	[gɛ'jɪm]
roupa (f) exterior	üst geyim	['just gɛ'jɪm]
roupa (f) de inverno	qış paltarı	['gɪʃ palta'rɪ]
sobretudo (m)	palto	[pal'to]
casaco (m) de pele	kürk	['kyrk]
jaqueta (f) de pele	yarımkürk	[jarɪm'kyrk]
casaco (m) acolchoado	pərğu geyim	[pær'ɣu gɛ'jɪm]
casaco (m), jaqueta (f)	gödəkcə	[gødæk'ʧæ]
impermeável (m)	plaş	['plaʃ]
a prova d'água	su buraxmayan	['su bu'raχmajan]

33. Vestuário de homem & mulher

camisa (f)	köynək	[køj'næk]
calça (f)	şalvar	[ʃal'var]
jeans (m)	cins	['ʤins]
paletó, terno (m)	pencək	[pɛn'ʤæk]
terno (m)	kişi üçün kostyum	[ki'ʃi ju'ʧun kos'tʲum]
vestido (ex. ~ de noiva)	don	['don]
saia (f)	yubka	[yb'ka]
blusa (f)	bluzka	[blʲuz'ka]
casaco (m) de malha	yun kofta	['jun kof'ta]
casaco, blazer (m)	jaket	[ʒa'kɛt]
camiseta (f)	futbolka	[futbol'ka]
short (m)	şort	['ʃort]
training (m)	idman paltarı	[id'man palta'rɪ]
roupão (m) de banho	hamam xələti	[ha'mam χælæ'ti]
pijama (m)	pijama	[pi'ʒama]
suéter (m)	sviter	['svitɛr]
pulôver (m)	pulover	[pulo'vɛr]
colete (m)	jilet	[ʒi'lɛt]
fraque (m)	frak	['frak]
smoking (m)	smokinq	['smokinh]
uniforme (m)	forma	['forma]
roupa (f) de trabalho	iş paltarı	['iʃ palta'rɪ]
macacão (m)	kombinezon	[kombinɛ'zon]
jaleco (m), bata (f)	həkim xələti	[hæ'kim χælæ'ti]

T&P Books. Vocabulário Português Brasileiro-Azerbaijano - 3000 palavras

34. Vestuário. Roupa interior

roupa (f) íntima	alt paltarı	['alt palta'rı]
camiseta (f)	mayka	[maj'ka]
meias (f pl)	corab	[dʒ'o'rap]
camisola (f)	gecə köynəyi	[gɛ'dʒ'æ køjnæ'jı]
sutiã (m)	büsthalter	[byst'haltɛr]
meias longas (f pl)	golf corab	['golf dʒ'o'rap]
meias-calças (f pl)	kolqotka	[kolgot'ka]
meias (~ de nylon)	uzun corab	[u'zun dʒ'o'rap]
maiô (m)	çimmə paltarı	[tʃim'mæ palta'rı]

35. Adereços de cabeça

chapéu (m), touca (f)	papaq	[pa'pah]
chapéu (m) de feltro	şlyapa	['ʃl'apa]
boné (m) de beisebol	beysbol papağı	[bɛjs'bol papa'ɣı]
boina (~ italiana)	kepka	[kɛp'ka]
boina (ex. ~ basca)	beret	[bɛ'rɛt]
capuz (m)	kapyuşon	[kapy'ʃon]
chapéu panamá (m)	panama	[pa'nama]
touca (f)	yun papaq	['jun pa'pah]
lenço (m)	baş örtüyü	['baʃ ørty'ju]
chapéu (m) feminino	kiçik şlyapa	[ki'tʃik 'ʃl'apa]
capacete (m) de proteção	kaska	[kas'ka]
bibico (m)	pilot papağı	[pi'lot papa'ɣı]
capacete (m)	dəbilqə	[dæbil'gæ]
chapéu-coco (m)	kotelok	[kotɛ'lok]
cartola (f)	silindr	[si'lindr]

36. Calçado

calçado (m)	ayaqqabı	[ajakka'bı]
botinas (f pl), sapatos (m pl)	botinka	[botin'ka]
sapatos (de salto alto, etc.)	tufli	[tuf'li]
botas (f pl)	uzunboğaz çəkmə	[uzunbo'ɣaz tʃæk'mæ]
pantufas (f pl)	şap-şap	['ʃap 'ʃap]
tênis (~ Nike, etc.)	krossovka	[kros'sovka]
tênis (~ Converse)	ket	['kɛt]
sandálias (f pl)	səndəl	[sæn'dæl]
sapateiro (m)	çəkməçi	[tʃækmæ'tʃi]
salto (m)	daban	[da'ban]
par (m)	tay	['taj]
cadarço (m)	qaytan	[gaj'tan]

43

amarrar os cadarços	qaytanlamaq	[gajtanla'mah]
calçadeira (f)	dabançəkən	[dabantʃæ'kæn]
graxa (f) para calçado	ayaqqabı kremi	[ajakka'bı krɛ'mi]

37. Acessórios pessoais

luva (f)	əlcək	[æl'dʒʲæk]
mitenes (f pl)	təkbarmaq əlcək	[tækbar'mah æl'dʒʲæk]
cachecol (m)	şərf	['ʃærf]

óculos (m pl)	eynək	[ɛj'næk]
armação (f)	çərçivə	[tʃærtʃʲi'væ]
guarda-chuva (m)	çətir	[tʃæ'tir]
bengala (f)	əl ağacı	['æl aɣa'dʒʲı]
escova (f) para o cabelo	şaç şotkası	['satʃ ʃotka'sı]
leque (m)	yelpik	[ɛl'pik]

gravata (f)	qalstuk	['galstuk]
gravata-borboleta (f)	kəpənək qalstuk	[kæpæ'næk 'galstuk]
suspensórios (m pl)	çiyinbağı	[tʃijınba'ɣı]
lenço (m)	cib dəsmalı	['dʒʲip dæsma'lı]

pente (m)	daraq	[da'rah]
fivela (f) para cabelo	baş sancağı	['baʃ sandʒʲa'ɣı]
grampo (m)	baş sancağı	['baʃ sandʒʲa'ɣı]
fivela (f)	toqqa	[tok'ka]

| cinto (m) | kəmər | [kæ'mær] |
| alça (f) de ombro | kəmərcik | [kæmær'dʒʲik] |

bolsa (f)	çanta	[tʃan'ta]
bolsa (feminina)	qadın cantası	[ga'dın tʃanta'sı]
mochila (f)	arxa çantası	[ar'xa tʃanta'sı]

38. Vestuário. Diversos

moda (f)	moda	['moda]
na moda (adj)	dəbdə olan	[dæb'dæ o'lan]
estilista (m)	modelçi	[modɛl'tʃi]

colarinho (m)	yaxalıq	[jaxa'lıh]
bolso (m)	cib	['dʒʲip]
de bolso	cib	['dʒʲip]
manga (f)	qol	['gol]
ganchinho (m)	ilmə asqı	[ilʲ'mæ as'gı]
bragueta (f)	miyança	[mijan'tʃa]

zíper (m)	zəncir-bənd	[zɛn'dʒʲir 'bænd]
colchete (m)	bənd	['bænd]
botão (m)	düymə	[dyj'mæ]
botoeira (casa de botão)	ilmə	[ilʲ'mæ]
soltar-se (vr)	qopmaq	[gop'mah]

costurar (vi)	tikmək	[tik'mæk]
bordar (vt)	naxış tikmək	[na'χıʃ tik'mæk]
bordado (m)	naxış	[na'χıʃ]
agulha (f)	iynə	[ij'næ]
fio, linha (f)	sap	['sap]
costura (f)	tikiş	[ti'kiʃ]
sujar-se (vr)	çirklənmək	[ʧirklæn'mæk]
mancha (f)	ləkə	[læ'kæ]
amarrotar-se (vr)	əzilmək	[æzil'mæk]
rasgar (vt)	cırmaq	[ʤıɾ'mah]
traça (f)	güvə	[gy'væ]

39. Cuidados pessoais. Cosméticos

pasta (f) de dente	diş məcunu	['diʃ mæʤy'nu]
escova (f) de dente	diş fırçası	['diʃ fıɾʧa'sı]
escovar os dentes	dişləri fırçalamaq	[diʃlæ'ri fıɾʧala'mah]
gilete (f)	ülgüc	[ylⁱ'gyʤⁱ]
creme (m) de barbear	üz qırxmaq üçün krem	['juz gıɾχ'mah ju'ʧun 'krɛm]
barbear-se (vr)	üzünü qırxmaq	[yzy'ny gıɾχ'mah]
sabonete (m)	sabun	[sa'bun]
xampu (m)	şampun	[ʃam'pun]
tesoura (f)	qayçı	[gaj'ʧı]
lixa (f) de unhas	dırnaq üçün kiçik bıçqı	[dır'nah ju'ʧun ki'ʧik bıʧ'gı]
corta-unhas (m)	dırnaq üçün kiçik kəlbətin	[dır'nah ju'ʧun ki'ʧik kælbæ'tin]
pinça (f)	maqqaş	[mak'kaʃ]
cosméticos (m pl)	kosmetika	[kos'mɛtika]
máscara (f)	maska	[mas'ka]
manicure (f)	manikür	[mani'kyr]
fazer as unhas	manikür etmək	[mani'kyr ɛt'mæk]
pedicure (f)	pedikür	[pɛdi'kyr]
bolsa (f) de maquiagem	kosmetika üçün kiçik çanta	[kos'mɛtika ju'ʧun ki'ʧik ʧan'ta]
pó (de arroz)	pudra	[pud'ra]
pó (m) compacto	pudra qabı	[pud'ra ga'bı]
blush (m)	ənlik	[æn'lik]
perfume (m)	ətir	[æ'tir]
água-de-colônia (f)	ətirli su	[ætir'li 'su]
loção (f)	losyon	[lo'sjon]
colônia (f)	odekolon	[odɛko'lon]
sombra (f) de olhos	göz ətrafına sürülən boyalar	[gøz ætrafı'na syry'læn boja'lar]
delineador (m)	göz üçün karandaş	[gøz ju'ʧun karan'daʃ]
máscara (f), rímel (m)	kirpik üçün tuş	[kir'pik ju'ʧun 'tuʃ]
batom (m)	dodaq boyası	[do'dah boja'sı]

esmalte (m)	dırnaq üçün lak	[dır'nah ju'tʃun 'lak]
laquê (m), spray fixador (m)	saç üçün lak	['satʃ ju'tʃun 'lak]
desodorante (m)	dezodorant	[dɛzodo'rant]

creme (m)	krem	['krɛm]
creme (m) de rosto	üz kremi	['juz krɛ'mi]
creme (m) de mãos	əl kremi	['æl krɛ'mi]
creme (m) antirrugas	qırışığa qarşı krem	[gırıʃı'ɣa gar'ʃı 'krɛm]
creme (m) de dia	gündüz kremi	[gyn'dyz krɛ'mi]
creme (m) de noite	gecə kremi	[gɛ'ʤʲæ krɛ'mi]

absorvente (m) interno	tampon	[tam'pon]
papel (m) higiênico	tualet kağızı	[tua'lɛt kʲaɣı'zı]
secador (m) de cabelo	fen	['fɛn]

40. Relógios de pulso. Relógios

relógio (m) de pulso	qol saatı	[gol saa'tı]
mostrador (m)	siferblat	[sifɛrb'lat]
ponteiro (m)	əqrəb	[æg'ræp]
bracelete (em aço)	saat bilərziyi	[sa'at bilærzi'jı]
bracelete (em couro)	qayış	[ga'jıʃ]

pilha (f)	batareya	[bata'rɛja]
acabar (vi)	sıradan çıxmaq	[sıra'dan tʃıx'mah]
trocar a pilha	batareyanı dəyişmək	[bata'rɛjanı dæjıʃ'mæk]
estar adiantado	irəli getmək	[iræ'li gɛt'mæk]
estar atrasado	geri qalmaq	[gɛ'ri gal'mah]

relógio (m) de parede	divar saatı	[di'var saa'tı]
ampulheta (f)	qum saatı	['gum saa'tı]
relógio (m) de sol	günəş saatı	[gy'næʃ saa'tı]
despertador (m)	zəngli saat	[zæng'li sa'at]
relojoeiro (m)	saatsaz	[saa'ʦaz]
reparar (vt)	təmir etmək	[tæ'mir ɛt'mæk]

EXPERIÊNCIA DO QUOTIDIANO

41. Dinheiro

dinheiro (m)	pul	['pul]
câmbio (m)	mübadilə	[mybadi'læ]
taxa (f) de câmbio	kurs	['kurs]
caixa (m) eletrônico	bankomat	[banko'mat]
moeda (f)	pul	['pul]
dólar (m)	dollar	['dollar]
euro (m)	yevro	['ɛvro]
lira (f)	lira	['lira]
marco (m)	marka	[mar'ka]
franco (m)	frank	['frank]
libra (f) esterlina	funt sterling	['funt 'stɛrlinh]
iene (m)	yena	['jɛna]
dívida (f)	borc	['bordʒ]
devedor (m)	borclu	[bordʒ'l'u]
emprestar (vt)	borc vermək	['bordʒ vɛr'mæk]
pedir emprestado	borc almaq	['bordʒ al'mah]
banco (m)	bank	['bank]
conta (f)	hesab	[hɛ'sap]
depositar na conta	hesaba yatırmaq	[hɛsa'ba jatır'mah]
sacar (vt)	hesabdan pul götürmək	[hɛsab'dan 'pul gøtyr'mæk]
cartão (m) de crédito	kredit kartı	[krɛ'dit kar'tı]
dinheiro (m) vivo	nəqd pul	['nægd 'pul]
cheque (m)	çek	['tʃɛk]
passar um cheque	çek yazmaq	['tʃɛk jaz'mah]
talão (m) de cheques	çek kitabçası	['tʃɛk kitaptʃa'sı]
carteira (f)	cib kisəsi	['dʒip kisæ'si]
niqueleira (f)	pul kisəsi	['pul kisæ'si]
cofre (m)	seyf	['sɛjf]
herdeiro (m)	vərəsə	[væræ'sæ]
herança (f)	miras	[mi'ras]
fortuna (riqueza)	var-dövlət	['var døv'læt]
arrendamento (m)	icarə	[idʒ'a'ræ]
aluguel (pagar o ~)	mənzil haqqı	[mæn'zil hak'kı]
alugar (vt)	kirayə etmək	[kira'jæ ɛt'mæk]
preço (m)	qiymət	[gij'mæt]
custo (m)	qiymət	[gij'mæt]
soma (f)	məbləğ	[mæb'læɣ]

gastar (vt)	sərf etmək	['særf ɛt'mæk]
gastos (m pl)	xərclər	[xærdʒ'lær]
economizar (vi)	qənaət etmək	[gæna'æt ɛt'mæk]
econômico (adj)	qənaətcil	[gænaæt'dʒʲil]
pagar (vt)	pulunu ödəmək	[pulʲu'nu ødæ'mæk]
pagamento (m)	ödəniş	[ødæ'niʃ]
troco (m)	pulun artığı	[pu'lʲun artı'ɣı]
imposto (m)	vergi	[vɛr'gi]
multa (f)	cərimə	[dʒʲæri'mæ]
multar (vt)	cərimə etmək	[dʒʲæri'mæ ɛt'mæk]

42. Correios. Serviço postal

agência (f) dos correios	poçt binası	['potʃt bina'sı]
correio (m)	poçt	['potʃt]
carteiro (m)	poçtalyon	[potʃta'lʲon]
horário (m)	iş saatları	['iʃ saatla'rı]
carta (f)	məktub	[mæk'tup]
carta (f) registada	sifarişli məktub	[sifariʃ'li mæk'tup]
cartão (m) postal	poçt kartoçkası	['potʃt kartotʃka'sı]
telegrama (m)	teleqram	[tɛlɛg'ram]
encomenda (f)	bağlama	[baɣla'ma]
transferência (f) de dinheiro	pul köçürməsi	['pul køtʃurmæ'si]
receber (vt)	almaq	[al'mah]
enviar (vt)	göndərmək	[gøndær'mæk]
envio (m)	göndərilmə	[gøndæril'mæ]
endereço (m)	ünvan	[yn'van]
código (m) postal	indeks	['indɛks]
remetente (m)	göndərən	[gøndæ'ræn]
destinatário (m)	alan	[a'lan]
nome (m)	ad	['ad]
sobrenome (m)	soyadı	['sojadı]
tarifa (f)	tarif	[ta'rif]
ordinário (adj)	adi	[a'di]
econômico (adj)	qənaətə imkan verən	[gænaæ'tæ im'kan vɛ'ræn]
peso (m)	çəki	[tʃæ'ki]
pesar (estabelecer o peso)	çəkmək	[tʃæk'mæk]
envelope (m)	zərf	['zærf]
selo (m) postal	marka	[mar'ka]

43. Banca

banco (m)	bank	['bank]
balcão (f)	şöbə	[ʃo'bæ]

| consultor (m) bancário | məsləhətçi | [mæslæhæ'ʧi] |
| gerente (m) | idarə başçısı | [ida'ræ baʃʧı'sı] |

conta (f)	hesab	[hɛ'sap]
número (m) da conta	hesab nömrəsi	[hɛ'sap nømræ'si]
conta (f) corrente	cari hesab	[ʤ¡a'ri hɛ'sap]
conta (f) poupança	yığılma hesabı	[jɪɣıl'ma hɛsa'bı]

abrir uma conta	hesab açmaq	[hɛ'sap aʧ'mah]
fechar uma conta	bağlamaq	[baɣla'mah]
depositar na conta	hesaba yatırmaq	[hɛsa'ba jatır'mah]
sacar (vt)	hesabdan pul götürmək	[hɛsab'dan 'pul gøtyr'mæk]

depósito (m)	əmanət	[æma'næt]
fazer um depósito	əmanət qoymaq	[æma'næt goj'mah]
transferência (f) bancária	köçürmə	[køʧur'mæ]
transferir (vt)	köçürmə etmək	[køʧur'mæ ɛt'mæk]

| soma (f) | məbləğ | [mæb'læɣ] |
| Quanto? | Nə qədər? | ['næ gæ'dær] |

| assinatura (f) | imza | [im'za] |
| assinar (vt) | imzalamaq | [imzala'mah] |

cartão (m) de crédito	kredit kartı	[krɛ'dit kar'tı]
senha (f)	kod	['kod]
número (m) do cartão de crédito	kredit kartının nömrəsi	[krɛ'dit kartı'nın nømræ'si]
caixa (m) eletrônico	bankomat	[banko'mat]

cheque (m)	çek	['ʧɛk]
passar um cheque	çek yazmaq	['ʧɛk jaz'mah]
talão (m) de cheques	çek kitabçası	['ʧɛk kitapʧa'sı]

empréstimo (m)	kredit	[krɛ'dit]
pedir um empréstimo	kredit üçün müraciət etmək	[krɛ'dit ju'ʧun myraʤ¡i'æt æt'mæk]
obter empréstimo	kredit götürmək	[krɛ'dit gøtyr'mæk]
dar um empréstimo	kredit vermək	[krɛ'dit vɛr'mæk]
garantia (f)	qarantiya	[ga'rantija]

44. Telefone. Conversação telefônica

telefone (m)	telefon	[tɛlɛ'fon]
celular (m)	mobil telefon	[mo'bil tɛlɛ'fon]
secretária (f) eletrônica	avtomatik cavab verən	[avtoma'tik ʤ¡a'vap vɛ'ræn]

| fazer uma chamada | zəng etmək | ['zæng ɛt'mæk] |
| chamada (f) | zəng | ['zænh] |

discar um número	nömrəni yığmaq	[nømræ'ni jı'ɣmah]
Alô!	allo!	[al'lo]
perguntar (vt)	soruşmaq	[soruʃ'mah]
responder (vt)	cavab vermək	[ʤ¡a'vap vɛr'mæk]

ouvir (vt)	eşitmək	[ɛʃit'mæk]
bem	yaxşı	[jaχ'ʃɪ]
mal	pis	['pis]
ruído (m)	maneələr	[manɛæ'lær]

fone (m)	dəstək	[dæs'tæk]
pegar o telefone	dəstəyi götürmək	[dæstæ'jɪ gøtyr'mæk]
desligar (vi)	dəstəyi qoymaq	[dæstæ'jɪ goj'mah]

ocupado (adj)	məşğul	[mæʃ'ɣul]
tocar (vi)	zəng etmək	['zæng ɛt'mæk]
lista (f) telefônica	telefon kitabçası	[tɛlɛ'fon kitabtʃa'sɪ]

local (adj)	yerli	[ɛr'li]
de longa distância	şəhərlərarası	[ʃæhærlærara'sɪ]
internacional (adj)	beynəlxalq	[bɛjnæl'χalh]

45. Telefone móvel

celular (m)	mobil telefon	[mo'bil tɛlɛ'fon]
tela (f)	displey	[disp'lɛj]
botão (m)	düymə	[dyj'mæ]
cartão SIM (m)	SİM kart	['sim 'kart]

bateria (f)	batareya	[bata'rɛja]
descarregar-se (vr)	boşalmaq	[boʃal'mah]
carregador (m)	elektrik doldurucu cihaz	[ɛlɛkt'rik dolduru'dʒy dʒʲi'haz]

menu (m)	menyu	[mɛ'nju]
configurações (f pl)	sazlamalar	[sazlama'lar]
melodia (f)	melodiya	[mɛ'lodija]
escolher (vt)	seçmək	[sɛtʃ'mæk]

calculadora (f)	kalkulyator	[kalʲku'lʲator]
correio (m) de voz	avtomatik cavab verən	[avtoma'tik dʒʲa'vap vɛ'ræn]
despertador (m)	zəngli saat	[zæng'li sa'at]
contatos (m pl)	telefon kitabçası	[tɛlɛ'fon kitabtʃa'sɪ]

| mensagem (f) de texto | SMS-xəbər | [ɛsɛ'mɛs χæ'bær] |
| assinante (m) | abunəçi | [abunæ'tʃi] |

46. Estacionário

| caneta (f) | diyircəkli avtoqələm | [dijırdʒʲæk'li avtogæ'læm] |
| caneta (f) tinteiro | ucluğu olan qələm | [udʒylʲu'ɣu o'lan gæ'læm] |

lápis (m)	karandaş	[karan'daʃ]
marcador (m) de texto	markyor	[mar'kʲor]
caneta (f) hidrográfica	flomaster	[flo'mastɛr]

| bloco (m) de notas | bloknot | [blok'not] |
| agenda (f) | gündəlik | [gyndæ'lik] |

régua (f)	xətkeş	[χæt'kɛʃ]
calculadora (f)	kalkulyator	[kalʲku'lʲator]
borracha (f)	pozan	[po'zan]
alfinete (m)	basmadüymə	[basmadyj'mæ]
clipe (m)	qısqac	[gɪs'gadʒ]
cola (f)	yapışqan	[japɪʃ'gan]
grampeador (m)	stepler	['stɛplɛr]
furador (m) de papel	deşikaçan	[dɛʃika'tʃan]
apontador (m)	qələm yonan	[gæ'læm jo'nan]

47. Línguas estrangeiras

língua (f)	dil	['dil]
língua (f) estrangeira	xarici dil	[χari'dʒi dil]
estudar (vt)	öyrənmək	[øjræn'mæk]
aprender (vt)	öyrənmək	[øjræn'mæk]
ler (vt)	oxumaq	[oχu'mah]
falar (vi)	danışmaq	[danɪʃ'mah]
entender (vt)	başa düşmək	[ba'ʃa dyʃ'mæk]
escrever (vt)	yazmaq	[jaz'mah]
rapidamente	cəld	['dʒæld]
devagar, lentamente	yavaş	[ja'vaʃ]
fluentemente	sərbəst	[sær'bæst]
regras (f pl)	qaydalar	[gajda'lar]
gramática (f)	qrammatika	[gram'matika]
vocabulário (m)	leksika	['lɛksika]
fonética (f)	fonetika	[fo'nɛtika]
livro (m) didático	dərslik	[dærs'lik]
dicionário (m)	lüğət	[ly'ɣæt]
manual (m) autodidático	rəhbər	[ræh'bær]
guia (m) de conversação	danışıq kitabı	[danɪ'ʃıh kita'bı]
fita (f) cassete	kasset	[kas'sɛt]
videoteipe (m)	video kasset	['vidɛo kas'sɛt]
CD (m)	SD diski	[si'di dis'ki]
DVD (m)	DVD	[divi'di]
alfabeto (m)	əlifba	[ælif'ba]
soletrar (vt)	hərf-hərf danışmaq	['hærf 'hærf danɪʃ'mah]
pronúncia (f)	tələffüz	[tælæf'fyz]
sotaque (m)	aksent	[ak'sɛnt]
com sotaque	aksentlə danışmaq	[ak'sɛntlæ danɪʃ'mah]
sem sotaque	aksentsiz danışmaq	[aksɛn'tsiz danɪʃ'mah]
palavra (f)	söz	['søz]
sentido (m)	məna	[mæ'na]
curso (m)	kurslar	[kurs'lar]
inscrever-se (vr)	yazılmaq	[jazɪl'mah]

professor (m)	müəllim	[myæl'lim]
tradução (processo)	tərcümə	[tærdʒy'mæ]
tradução (texto)	tərcümə	[tærdʒy'mæ]
tradutor (m)	tərcüməçi	[tærdʒymæ'tʃi]
intérprete (m)	tərcüməçi	[tærdʒymæ'tʃi]

| poliglota (m) | poliqlot | [polig'lot] |
| memória (f) | yaddaş | [jad'daʃ] |

REFEIÇÕES. RESTAURANTE

48. Por a mesa

colher (f)	qaşıq	[ga'ʃıh]
faca (f)	bıçaq	[bı'ʧah]
garfo (m)	çəngəl	[ʧæ'ngæl]
xícara (f)	fincan	[fin'ʤʲan]
prato (m)	boşqab	[boʃgap]
pires (m)	nəlbəki	[nælbæ'ki]
guardanapo (m)	salfetka	[salfɛt'ka]
palito (m)	dişqurdalayan	[diʃgurdala'jan]

49. Restaurante

restaurante (m)	restoran	[rɛsto'ran]
cafeteria (f)	qəhvəxana	[gæhvæҳa'na]
bar (m), cervejaria (f)	bar	['bar]
salão (m) de chá	çay salonu	['ʧaj salo'nu]
garçom (m)	ofisiant	[ofisi'ant]
garçonete (f)	ofisiant qız	[ofisi'ant 'gız]
barman (m)	barmen	['barmɛn]
cardápio (m)	menyu	[mɛ'nju]
lista (f) de vinhos	çaxırlar kartı	[ʧaҳır'lar kar'tı]
reservar uma mesa	masa sifarişi etmək	[ma'sa sifa'riʃ ɛt'mæk]
prato (m)	yemək	[ɛ'mæk]
pedir (vt)	yemək sifarişi etmək	[ɛ'mæk sifa'riʃ æt'mæk]
fazer o pedido	sifariş etmək	[sifa'riʃ ɛt'mæk]
aperitivo (m)	aperitiv	[apɛri'tiv]
entrada (f)	qəlyanaltı	[gæ'ljanaltı]
sobremesa (f)	desert	[dɛ'sɛrt]
conta (f)	hesab	[hɛ'sap]
pagar a conta	hesabı ödəmək	[hɛsa'bı ødæ'mæk]
dar o troco	pulun artığını qaytarmaq	[pu'lʲun artıҳı'nı gajtar'mah]
gorjeta (f)	çaypulu	[ʧajpu'lʲu]

50. Refeições

comida (f)	yemək	[ɛ'mæk]
comer (vt)	yemək	[ɛ'mæk]

café (m) da manhã	səhər yeməyi	[sæ'hær ɛmɛ'jɪ]
tomar café da manhã	səhər yeməyi yemək	[sæ'hær ɛmæ'jɪ ɛ'mæk]
almoço (m)	nahar	[na'har]
almoçar (vi)	nahar etmək	[na'har ɛt'mæk]
jantar (m)	axşam yeməyi	[aχ'ʃam ɛmɛ'jɪ]
jantar (vi)	axşam yeməyi yemək	[aχ'ʃam ɛmæ'jɪ ɛ'mæk]
apetite (m)	iştaha	[iʃta'ha]
Bom apetite!	Nuş olsun!	['nuʃ ol'sun]
abrir (~ uma lata, etc.)	açmaq	[aʧ'mah]
derramar (~ líquido)	tökmək	[tøk'mæk]
derramar-se (vr)	tökülmək	[tøkyl'mæk]
ferver (vi)	qaynamaq	[gajna'mah]
ferver (vt)	qaynatmaq	[gajnat'mah]
fervido (adj)	qatnamış	[gajna'mɪʃ]
esfriar (vt)	soyutmaq	[sojut'mah]
esfriar-se (vr)	soyumaq	[soju'mah]
sabor, gosto (m)	dad	['dad]
fim (m) de boca	dad	['dad]
emagrecer (vi)	pəhriz saxlamaq	[pæh'riz saχla'mah]
dieta (f)	pəhriz	[pæh'riz]
vitamina (f)	vitamin	[vita'min]
caloria (f)	kaloriya	[ka'lorija]
vegetariano (m)	ət yeməyən adam	['æt 'ɛmæjæn a'dam]
vegetariano (adj)	ətsiz xörək	[æ'tsiz χø'ræk]
gorduras (f pl)	yağlar	[ja'ɣlar]
proteínas (f pl)	zülallar	[zylal'lar]
carboidratos (m pl)	karbohidratlar	[karbohidrat'lar]
fatia (~ de limão, etc.)	dilim	[di'lim]
pedaço (~ de bolo)	tikə	[ti'kæ]
migalha (f), farelo (m)	qırıntı	[gɪrɪn'tɪ]

51. Pratos cozinhados

prato (m)	yemək	[ɛ'mæk]
cozinha (~ portuguesa)	mətbəx	[mæt'bæχ]
receita (f)	resept	[rɛ'sɛpt]
porção (f)	porsiya	['porsija]
salada (f)	salat	[sa'lat]
sopa (f)	şorba	[ʃor'ba]
caldo (m)	ətin suyu	[æ'tin su'ju]
sanduíche (m)	buterbrod	[butɛr'brod]
ovos (m pl) fritos	qayqanaq	[gajga'nah]
hambúrguer (m)	hamburqer	['hamburgɛr]
bife (m)	bifşteks	[bifʃ'tɛks]
acompanhamento (m)	qarnir	[gar'nir]

espaguete (m)	spaqetti	[spa'gɛtti]
purê (m) de batata	kartof püresi	[kar'tof pyrɛ'si]
pizza (f)	pitsa	['pitsa]
mingau (m)	sıyıq	[sɪ'jıh]
omelete (f)	omlet	[om'lɛt]

fervido (adj)	bişmiş	[biʃ'miʃ]
defumado (adj)	hisə verilmiş	[hi'sæ vɛril'miʃ]
frito (adj)	qızardılmış	[gɪzardıl'mıʃ]
seco (adj)	quru	[gu'ru]
congelado (adj)	dondurulmuş	[dondurul'muʃ]
em conserva (adj)	duza qoyulmuş	[du'za gojul'muʃ]

doce (adj)	şirin	[ʃi'rin]
salgado (adj)	duzlu	[duz'lʲu]
frio (adj)	soyuq	[so'juh]
quente (adj)	isti	[is'ti]
amargo (adj)	acı	[a'dʒʲı]
gostoso (adj)	dadlı	[dad'lı]

cozinhar em água fervente	bişirmək	[biʃir'mæk]
preparar (vt)	hazırlamaq	[hazırla'mah]
fritar (vt)	qızartmaq	[gızart'mah]
aquecer (vt)	qızdırmaq	[gızdır'mah]

salgar (vt)	duz vurmaq	['duz vur'mah]
apimentar (vt)	istiot vurmaq	[isti'ot vur'mah]
ralar (vt)	sürtkəcdə xırdalamaq	[syrtkædʒ'dæ χırdala'mah]
casca (f)	qabıq	[ga'bıh]
descascar (vt)	qabığını soymaq	[gabıɣı'nı soj'mah]

52. Comida

carne (f)	et	['æt]
galinha (f)	toyuq	[to'juh]
frango (m)	cücə	[dʒy'dʒʲæ]
pato (m)	ördək	[ør'dæk]
ganso (m)	qaz	['gaz]
caça (f)	ov quşları və heyvanları	['ov guʃla'rı 'væ hɛjvanla'rı]
peru (m)	hind toyuğu	['hind toju'ɣu]

carne (f) de porco	donuz eti	[do'nuz æ'ti]
carne (f) de vitela	dana eti	[da'na æ'ti]
carne (f) de carneiro	qoyun eti	[go'jun æ'ti]
carne (f) de vaca	mal eti	['mal æ'ti]
carne (f) de coelho	ev dovşanı	['ɛv dovʃa'nı]

linguiça (f), salsichão (m)	kolbasa	[kolba'sa]
salsicha (f)	sosiska	[sosis'ka]
bacon (m)	bekon	['bɛkon]
presunto (m)	vetçina	[vɛtʃi'na]
pernil (m) de porco	donuz budu	[do'nuz bu'du]
patê (m)	paştet	[paʃ'tɛt]
fígado (m)	qara ciyər	[ga'ra dʒʲi'jær]

guisado (m)	qiymə	[gij'mæ]
língua (f)	dil	['dil]

ovo (m)	yumurta	[jumur'ta]
ovos (m pl)	yumurtalar	[jumurta'lar]
clara (f) de ovo	zülal	[zy'lal]
gema (f) de ovo	yumurtanın sarısı	[jumurta'nın sarı'sı]

peixe (m)	balıq	[ba'lıh]
mariscos (m pl)	dəniz məhsulları	[dæ'niz mæhsulla'rı]
caviar (m)	kürü	[ky'ry]

caranguejo (m)	qısaquyruq	[gısaguj'ruh]
camarão (m)	krevet	[krɛ'vɛt]
ostra (f)	istridyə	[istri'dʲæ]
lagosta (f)	lanqust	[lan'gust]
polvo (m)	səkkizayaqlı ilbiz	[sækkizajag'lı il'biz]
lula (f)	kalmar	[kal'mar]

esturjão (m)	nərə balığı	[næ'ræ balı'ɣı]
salmão (m)	qızılbalıq	[gızılba'lıh]
halibute (m)	paltus	['paltus]

bacalhau (m)	treska	[trɛs'ka]
cavala, sarda (f)	skumbriya	['skumbrija]
atum (m)	tunes	[tu'nɛs]
enguia (f)	angvil balığı	[ang'vil balı'ɣı]

truta (f)	alabalıq	[alaba'lıh]
sardinha (f)	sardina	[sar'dina]
lúcio (m)	durnabalığı	[durnabalı'ɣı]
arenque (m)	siyənək	[sijæ'næk]

pão (m)	çörək	[ʧœ'ræk]
queijo (m)	pendir	[pɛn'dir]
açúcar (m)	şəkər	[ʃæ'kær]
sal (m)	duz	['duz]

arroz (m)	düyü	[dy'ju]
massas (f pl)	makaron	[maka'ron]
talharim, miojo (m)	əriştə	[æriʃ'tæ]

manteiga (f)	kərə yağı	[kæ'ræ jaɣı]
óleo (m) vegetal	bitki yağı	[bit'ki ja'ɣı]
óleo (m) de girassol	günəbaxan yağ	[gynæba'ɣan jaɣ]
margarina (f)	marqarin	[marga'rin]

azeitonas (f pl)	zeytun	[zɛj'tun]
azeite (m)	zeytun yağı	[zɛj'tun ja'ɣı]

leite (m)	süd	['syd]
leite (m) condensado	qatılaşdırılmış süd	[gatılaʃdırıl'mıʃ 'syd]
iogurte (m)	yoqurt	['jogurt]
creme (m) azedo	xama	[ɣa'ma]
creme (m) de leite	xama	[ɣa'ma]
maionese (f)	mayonez	[majo'nɛz]

creme (m)	krem	['krɛm]
grãos (m pl) de cereais	yarma	[jar'ma]
farinha (f)	un	['un]
enlatados (m pl)	konserv	[kon'sɛrv]

flocos (m pl) de milho	qarğıdalı yumağı	[garɣıda'lı juma'ɣı]
mel (m)	bal	['bal]
geleia (m)	cem	['dʒʲɛm]
chiclete (m)	saqqız	[sak'kız]

53. Bebidas

água (f)	su	['su]
água (f) potável	içməli su	[itʃmæ'li 'su]
água (f) mineral	mineral su	[minɛ'ral 'su]

sem gás (adj)	qazsız	[gaz'sız]
gaseificada (adj)	qazlı	[gaz'lı]
com gás	qazlı	[gaz'lı]
gelo (m)	buz	['buz]
com gelo	buzlu	[buz'lʲu]

não alcoólico (adj)	spirtsiz	[spir'tsiz]
refrigerante (m)	spirtsiz içki	[spir'tsiz itʃ'ki]
refresco (m)	sərinləşdirici içki	[særinlæʃdiri'dʒʲi itʃ'ki]
limonada (f)	limonad	[limo'nad]

bebidas (f pl) alcoólicas	spirtli içkilər	[spirt'li itʃki'lær]
vinho (m)	çaxır	[tʃa'ɣır]
vinho (m) branco	ağ çaxır	['aɣ tʃa'ɣır]
vinho (m) tinto	qırmızı çaxır	[gırmı'zı tʃa'ɣır]

licor (m)	likyor	[li'kʲor]
champanhe (m)	şampan	[ʃam'pan]
vermute (m)	vermut	['vɛrmut]

uísque (m)	viski	['viski]
vodca (f)	araq	[a'rah]
gim (m)	cin	['dʒʲin]
conhaque (m)	konyak	[ko'njak]
rum (m)	rom	['rom]

café (m)	qəhvə	[gæh'væ]
café (m) preto	qara qəhvə	[ga'ra gæh'væ]
café (m) com leite	südlü qəhvə	[syd'ly gæh'væ]
cappuccino (m)	xamalı qəhvə	[ɣama'lı gæh'væ]
café (m) solúvel	tez həll olunan qəhvə	['tɛz 'hæll olʲu'nan gæh'væ]

leite (m)	süd	['syd]
coquetel (m)	kokteyl	[kok'tɛjl]
batida (f), milkshake (m)	südlü kokteyl	[syd'ly kok'tɛjl]

| suco (m) | şirə | [ʃi'ræ] |
| suco (m) de tomate | tomat şirəsi | [to'mat ʃiræ'si] |

suco (m) de laranja	portağal şirəsi	[porta'ɣal ʃiræ'si]
suco (m) fresco	təzə sıxılmış şirə	[tæ'zæ sıxıl'mıʃ ʃi'ræ]
cerveja (f)	pivə	[pi'væ]
cerveja (f) clara	açıq rəngli pivə	[a'tʃıh ræng'li pi'væ]
cerveja (f) preta	tünd rəngli pivə	['tynd ræng'li pi'væ]
chá (m)	çay	['tʃaj]
chá (m) preto	qara çay	[ga'ra 'tʃaj]
chá (m) verde	yaşıl çay	[ja'ʃıl 'tʃaj]

54. Vegetais

vegetais (m pl)	tərəvəz	[tæræ'væz]
verdura (f)	göyərti	[gøjær'ti]
tomate (m)	pomidor	[pomi'dor]
pepino (m)	xiyar	[xi'jar]
cenoura (f)	kök	['køk]
batata (f)	kartof	[kar'tof]
cebola (f)	soğan	[so'ɣan]
alho (m)	sarımsaq	[sarım'sah]
couve (f)	kələm	[kæ'læm]
couve-flor (f)	gül kələm	['gylʲ kæ'læm]
couve-de-bruxelas (f)	Brüssel kələmi	['bryssɛl kælæ'mi]
brócolis (m pl)	brokkoli kələmi	['brokkoli kælæ'mi]
beterraba (f)	çuğundur	[tʃuɣun'dur]
berinjela (f)	badımcan	[badım'dʒʲan]
abobrinha (f)	yunan qabağı	[ju'nan gaba'ɣı]
abóbora (f)	balqabaq	[balga'bah]
nabo (m)	şalğam	[ʃal'ɣam]
salsa (f)	petruşka	[pɛtruʃ'ka]
endro, aneto (m)	şüyüt	[ʃy'jut]
alface (f)	salat	[sa'lat]
aipo (m)	kərəviz	[kæræ'viz]
aspargo (m)	qulançar	[gulan'tʃar]
espinafre (m)	ispanaq	[ispa'nah]
ervilha (f)	noxud	[no'xud]
feijão (~ soja, etc.)	paxla	[pax'la]
milho (m)	qarğıdalı	[garɣıda'lı]
feijão (m) roxo	lobya	[lo'bja]
pimentão (m)	bibər	[bi'bær]
rabanete (m)	turp	['turp]
alcachofra (f)	ənginar	[æŋgi'nar]

55. Frutos. Nozes

fruta (f)	meyvə	[mɛj'væ]
maçã (f)	alma	[al'ma]

pera (f)	armud	[ar'mud]
limão (m)	limon	[li'mon]
laranja (f)	portağal	[porta'ɣal]
morango (m)	bağ çiyələyi	['baɣ tʃijælæ'jı]

tangerina (f)	mandarin	[manda'rin]
ameixa (f)	gavalı	[gava'lı]
pêssego (m)	şaftalı	[ʃafta'lı]
damasco (m)	ərik	[æ'rik]
framboesa (f)	moruq	[mo'ruh]
abacaxi (m)	ananas	[ana'nas]

banana (f)	banan	[ba'nan]
melancia (f)	qarpız	[gar'pız]
uva (f)	üzüm	[y'zym]
ginja (f)	albalı	[alba'lı]
cereja (f)	gilas	[gi'las]
melão (m)	yemiş	[ɛ'miʃ]

toranja (f)	qreypfrut	['grɛjpfrut]
abacate (m)	avokado	[avo'kado]
mamão (m)	papaya	[pa'paja]
manga (f)	manqo	['mango]
romã (f)	nar	['nar]

groselha (f) vermelha	qırmızı qarağat	[gırmı'zı gara'ɣat]
groselha (f) negra	qara qarağat	[ga'ra gara'ɣat]
groselha (f) espinhosa	krıjovnik	[krı'ʒovnik]
mirtilo (m)	qaragilə	[garagi'læ]
amora (f) silvestre	böyürtkən	[bøyrt'kæn]

passa (f)	kişmiş	[kiʃ'miʃ]
figo (m)	əncir	[æn'dʒir]
tâmara (f)	xurma	[χur'ma]

amendoim (m)	araxis	[a'raχis]
amêndoa (f)	badam	[ba'dam]
noz (f)	qoz	['goz]
avelã (f)	fındıq	[fın'dıh]
coco (m)	kokos	[ko'kos]
pistaches (m pl)	püstə	[pys'tæ]

56. Pão. Bolaria

pastelaria (f)	qənnadı məmulatı	[gænna'dı mæmula'tı]
pão (m)	çörək	[tʃœ'ræk]
biscoito (m), bolacha (f)	peçenye	[pɛ'tʃɛnjɛ]

chocolate (m)	şokolad	[ʃoko'lad]
de chocolate	şokolad	[ʃoko'lad]
bala (f)	konfet	[kon'fɛt]
doce (bolo pequeno)	pirojna	[piroʒ'na]
bolo (m) de aniversário	tort	['tort]
torta (f)	piroq	[pi'roh]

recheio (m)	iç	['iʧ]
geleia (m)	mürəbbə	[myræb'bæ]
marmelada (f)	marmelad	[marmɛ'lad]
wafers (m pl)	vafli	[vaf'li]
sorvete (m)	dondurma	[dondur'ma]

57. Especiarias

sal (m)	duz	['duz]
salgado (adj)	duzlu	[duz'lʲu]
salgar (vt)	duz vurmaq	['duz vur'mah]
pimenta-do-reino (f)	qara istiot	[ga'ra isti'ot]
pimenta (f) vermelha	qırmızı istiot	[gırmı'zı isti'ot]
mostarda (f)	xardal	[χar'dal]
raiz-forte (f)	qıtığotu	[gıtıɣo'tu]
condimento (m)	yemeyə dad verən əlavə	[ɛmæ'jæ 'dad vɛ'ræn æla'væ]
especiaria (f)	ədviyyat	[ædvi'at]
molho (~ inglês)	sous	['sous]
vinagre (m)	sirkə	[sir'kæ]
anis estrelado (m)	cirə	[dʒʲi'ræ]
manjericão (m)	reyhan	[rɛj'han]
cravo (m)	mixək	[mi'χæk]
gengibre (m)	zəncəfil	[zændʒʲæ'fil]
coentro (m)	keşniş	[kɛʃ'niʃ]
canela (f)	darçın	[dar'ʧın]
gergelim (m)	küncüt	[kyn'dʒyt]
folha (f) de louro	dəfnə yarpağı	[dæf'næ jarpa'ɣı]
páprica (f)	paprika	['paprika]
cominho (m)	zirə	[zi'ræ]
açafrão (m)	zəfəran	[zæfæ'ran]

INFORMAÇÃO PESSOAL. FAMÍLIA

58. Informação pessoal. Formulários

nome (m)	ad	['ad]
sobrenome (m)	soyadı	['sojadı]
data (f) de nascimento	anadan olduğu tarix	[ana'dan oldu'ɣu ta'rix]
local (m) de nascimento	anadan olduğu yer	[ana'dan oldu'ɣu 'ɛr]
nacionalidade (f)	milliyəti	[millijæ'ti]
lugar (m) de residência	yaşayış yeri	[jaʃa'jıʃ jɛ'ri]
país (m)	ölkə	[øl'kæ]
profissão (f)	peşəsi	[pɛʃæ'si]
sexo (m)	cinsi	[dʒ'in'si]
estatura (f)	boyu	[bo'ju]
peso (m)	çəki	[tʃæ'ki]

59. Membros da família. Parentes

mãe (f)	ana	[a'na]
pai (m)	ata	[a'ta]
filho (m)	oğul	[o'ɣul]
filha (f)	qız	['gız]
caçula (f)	kiçik qız	[ki'tʃik 'gız]
caçula (m)	kiçik oğul	[kitʃik o'ɣul]
filha (f) mais velha	böyük qız	[bø'juk 'gız]
filho (m) mais velho	böyük oğul	[bøyk o'ɣul]
irmão (m)	qardaş	[gar'daʃ]
irmã (f)	bacı	[ba'dʒ'ı]
primo (m)	xalaoğlu	[xalao'ɣlʲu]
prima (f)	xalaqızı	[xalagı'zı]
mamãe (f)	ana	[a'na]
papai (m)	ata	[a'ta]
pais (pl)	valideynlər	[validɛjn'lær]
criança (f)	uşaq	[u'ʃah]
crianças (f pl)	uşaqlar	[uʃag'lar]
avó (f)	nənə	[næ'næ]
avô (m)	baba	[ba'ba]
neto (m)	nəvə	[næ'væ]
neta (f)	nəvə	[næ'væ]
netos (pl)	nəvələr	[næævæ'lær]
tio (m)	dayı	[da'jı]
tia (f)	xala	[xa'la]

| sobrinho (m) | bacıoğlu | [badʒʲıo'ɣlʲu] |
| sobrinha (f) | bacıqızı | [badʒʲıgı'zı] |

sogra (f)	qayınana	[gajına'na]
sogro (m)	qayınata	[gajna'ta]
genro (m)	yezne	[ɛz'næ]
madrasta (f)	analıq	[ana'lıh]
padrasto (m)	atalıq	[ata'lıh]

criança (f) de colo	südemer uşaq	[sydæ'mær u'ʃah]
bebê (m)	çağa	[ʧa'ɣa]
menino (m)	körpe	[kør'pæ]

mulher (f)	arvad	[ar'vad]
marido (m)	er	['ær]
esposo (m)	heyat yoldaşı	[hæ'jat jolda'ʃı]
esposa (f)	heyat yoldaşı	[hæ'jat jolda'ʃı]

casado (adj)	evli	[ɛv'li]
casada (adj)	erli qadın	[ær'li ga'dın]
solteiro (adj)	subay	[su'baj]
solteirão (m)	subay	[su'baj]
divorciado (adj)	boşanmış	[boʃan'mıʃ]
viúva (f)	dul qadın	['dul ga'dın]
viúvo (m)	dul kişi	['dul ki'ʃi]

parente (m)	qohum	[go'hum]
parente (m) próximo	yaxın qohum	[ja'χın go'hum]
parente (m) distante	uzaq qohum	[u'zah go'hum]
parentes (m pl)	qohumlar	[gohum'lar]

órfão (m), órfã (f)	yetim	[ɛ'tim]
tutor (m)	himayeçi	[himajæ'ʧi]
adotar (um filho)	oğulluğa götürmek	[oɣullʲu'ɣa gøtyr'mæk]
adotar (uma filha)	qızlığa götürmek	[gızlı'ɣa gøtyr'mæk]

60. Amigos. Colegas de trabalho

amigo (m)	dost	['dost]
amiga (f)	refiqe	[ræfi'gæ]
amizade (f)	dostluq	[dost'lʲuh]
ser amigos	dostluq etmek	[dost'lʲuh ɛt'mæk]

amigo (m)	dost	['dost]
amiga (f)	refiqe	[ræfi'gæ]
parceiro (m)	partnyor	[part'nʲor]

chefe (m)	reis	[ræ'is]
superior (m)	müdir	[my'dir]
subordinado (m)	tabelikde olan	[tabɛlik'dæ o'lan]
colega (m, f)	peşe yoldaşı	[pɛ'ʃæ jolda'ʃı]

| conhecido (m) | tanış | [ta'nıʃ] |
| companheiro (m) de viagem | yol yoldaşı | ['jol jolda'ʃı] |

colega (m) de classe	sinif yoldaşı	[si'nif jolda'ʃi]
vizinho (m)	qonşu	[gon'ʃu]
vizinha (f)	qonşu	[gon'ʃu]
vizinhos (pl)	qonşular	[gonʃu'lar]

CORPO HUMANO. MEDICINA

61. Cabeça

cabeça (f)	baş	['baʃ]
rosto, cara (f)	üz	['yz]
nariz (m)	burun	[bu'run]
boca (f)	ağız	[a'ɣız]
olho (m)	göz	['gøz]
olhos (m pl)	gözlər	[gøz'lær]
pupila (f)	göz bəbəyi	[gøz bæ'bæjı]
sobrancelha (f)	qaş	['gaʃ]
cílio (f)	kirpik	[kir'pik]
pálpebra (f)	göz qapağı	[gøz gapa'ɣı]
língua (f)	dil	['dil]
dente (m)	diş	['diʃ]
lábios (m pl)	dodaq	[do'dah]
maçãs (f pl) do rosto	almacıq sümüyü	[alma'dʒıh symy'ju]
gengiva (f)	diş əti	['diʃ æ'ti]
palato (m)	damağ	[da'maɣ]
narinas (f pl)	burun deşikləri	[bu'run dɛʃiklæ'ri]
queixo (m)	çənə	[ʧæ'næ]
mandíbula (f)	çənə	[ʧæ'næ]
bochecha (f)	yanaq	[ja'nah]
testa (f)	alın	[a'lın]
têmpora (f)	gicgah	[gidʒ'gah]
orelha (f)	qulaq	[gu'lah]
costas (f pl) da cabeça	peysər	[pɛj'sær]
pescoço (m)	boyun	[bo'jun]
garganta (f)	boğaz	[bo'gaz]
cabelo (m)	saç	['saʧ]
penteado (m)	saç düzümü	['saʧ dyzy'my]
corte (m) de cabelo	saç vurdurma	['saʧ vurdur'ma]
peruca (f)	parik	[pa'rik]
bigode (m)	bığ	['bıɣ]
barba (f)	saqqal	[sak'kal]
ter (~ barba, etc.)	qoymaq	[goj'mah]
trança (f)	hörük	[hø'ryk]
suíças (f pl)	bakenbard	[bakɛn'bard]
ruivo (adj)	kürən	[ky'ræn]
grisalho (adj)	saçı ağarmış	[sa'ʧı aɣar'mıʃ]
careca (adj)	keçəl	[kɛ'ʧæl]
calva (f)	daz	['daz]

rabo-de-cavalo (m)	**quyruq**	[guj'ruh]
franja (f)	**zülf**	['zylʲf]

62. Corpo humano

mão (f)	**əl**	['æl]
braço (m)	**qol**	['gol]
dedo (m)	**barmaq**	[bar'mah]
polegar (m)	**baş barmaq**	['baʃ bar'mah]
dedo (m) mindinho	**çeçələ barmaq**	[ʧɛʧæ'læ bar'mah]
unha (f)	**dırnaq**	[dɪr'nah]
punho (m)	**yumruq**	[jum'ruh]
palma (f)	**ovuc içi**	[o'vuʤʲ i'ʧi]
pulso (m)	**bilək**	[bi'læk]
antebraço (m)	**bazu önü**	[ba'zɪ ø'ny]
cotovelo (m)	**dirsək**	[dir'sæk]
ombro (m)	**çiyin**	[ʧi'jɪn]
perna (f)	**topuq**	[to'puh]
pé (m)	**pəncə**	[pæn'ʤʲæ]
joelho (m)	**diz**	['diz]
panturrilha (f)	**baldır**	[bal'dɪr]
quadril (m)	**omba**	[om'ba]
calcanhar (m)	**daban**	[da'ban]
corpo (m)	**bədən**	[bæ'dæn]
barriga (f), ventre (m)	**qarın**	[ga'rɪn]
peito (m)	**sinə**	[si'næ]
seio (m)	**döş**	['døʃ]
lado (m)	**böyür**	[bø'jur]
costas (dorso)	**kürək**	[ky'ræk]
região (f) lombar	**bel**	['bɛl]
cintura (f)	**bel**	['bɛl]
umbigo (m)	**göbək**	[gø'bæk]
nádegas (f pl)	**sağrı**	[sa'ɣrɪ]
traseiro (m)	**arxa**	[ar'χa]
sinal (m), pinta (f)	**xal**	['χal]
tatuagem (f)	**tatuirovka**	[tatui'rovka]
cicatriz (f)	**çapıq**	[ʧa'pɪh]

63. Doenças

doença (f)	**xəstəlik**	[χæstæ'lik]
estar doente	**xəstə olmaq**	[χæs'tæ ol'mah]
saúde (f)	**sağlamlıq**	[saɣlam'lɪh]
nariz (m) escorrendo	**zökəm**	[zø'kæm]
amigdalite (f)	**angina**	[a'ngina]

| resfriado (m) | soyuqdeyme | [sojugdæj'mæ] |
| ficar resfriado | özünü soyuğa vermek | [øzy'ny soju'ɣa vɛr'mæk] |

bronquite (f)	bronxit	[bron'χit]
pneumonia (f)	setelcem	[sætæl'ʤʲæm]
gripe (f)	qrip	['grip]

míope (adj)	uzağı görmeyen	[uza'ɣɪ 'gørmæjæn]
presbita (adj)	uzağı yaxşı görən	[uza'ɣɪ jaχ'ʃɪ gø'ræn]
estrabismo (m)	çepgözlük	[ʧæpgøz'lyk]
estrábico, vesgo (adj)	çepgöz	[ʧæp'gøz]
catarata (f)	katarakta	[kata'rakta]
glaucoma (m)	qlaukoma	[glau'koma]

AVC (m), apoplexia (f)	insult	[in'sulʲt]
ataque (m) cardíaco	infarkt	[in'farkt]
enfarte (m) do miocárdio	miokard infarktı	[mio'kard infark'tɪ]
paralisia (f)	iflic	[if'liʤʲ]
paralisar (vt)	iflic olmaq	[if'liʤʲ ol'mah]

alergia (f)	allergiya	[allɛr'gija]
asma (f)	astma	['astma]
diabetes (f)	diabet	[dia'bɛt]

| dor (f) de dente | diş ağrısı | ['diʃ aɣrɪ'sɪ] |
| cárie (f) | kariyes | ['kariɛs] |

diarreia (f)	diareya	[dia'rɛja]
prisão (f) de ventre	qebizlik	[gæbiz'lik]
desarranjo (m) intestinal	mede pozuntusu	[mæ'dæ pozuntu'su]
intoxicação (f) alimentar	zeherlenme	[zæhærlæn'mæ]
intoxicar-se	qidadan zeherlenmek	[gida'dan zæhærlæn'mæk]

artrite (f)	artrit	[art'rit]
raquitismo (m)	raxit	[ra'χit]
reumatismo (m)	revmatizm	[rɛvma'tizm]
arteriosclerose (f)	ateroskleroz	[atɛrosklɛ'roz]

gastrite (f)	qastrit	[gast'rit]
apendicite (f)	appendisit	[appɛndi'sit]
colecistite (f)	xolesistit	[χolɛsis'tit]
úlcera (f)	xora	[χo'ra]

sarampo (m)	qızılca	[gɪzɪl'ʤʲa]
rubéola (f)	mexmerek	[mæχmæ'ræk]
icterícia (f)	sarılıq	[sarɪ'lɪh]
hepatite (f)	hepatit	[hɛpa'tit]

esquizofrenia (f)	şizofreniya	[ʃizofrɛ'nija]
raiva (f)	quduzluq	[guduz'lʲuh]
neurose (f)	nevroz	[nɛv'roz]
contusão (f) cerebral	beyin sarsıntısı	[bɛ'jɪn sarsɪntɪ'sɪ]

câncer (m)	rak	['rak]
esclerose (f)	skleroz	[sklɛ'roz]
esclerose (f) múltipla	dağınıq skleroz	[daɣɪ'nɪh sklɛ'roz]

alcoolismo (m)	əyyaşlıq	[æjaʃ'lıh]
alcoólico (m)	əyyaş	[æ'jaʃ]
sífilis (f)	sifilis	['sifilis]
AIDS (f)	QİÇS	['gitʃs]

tumor (m)	şiş	['ʃiʃ]
maligno (adj)	bədxassəli	['bædχas'sæli]
benigno (adj)	xoşxassəli	[χoʃχas'sæli]

febre (f)	qızdırma	[gızdır'ma]
malária (f)	malyariya	[malʲa'rija]
gangrena (f)	qanqrena	[gang'rɛna]
enjoo (m)	dəniz xəstəliyi	[dæ'niz χæstæli'jı]
epilepsia (f)	epilepsiya	[ɛpi'lɛpsija]

epidemia (f)	epidemiya	[ɛpi'dɛmija]
tifo (m)	yatalaq	[jata'lah]
tuberculose (f)	vərəm	[væ'ræm]
cólera (f)	vəba	[væ'ba]
peste (f) bubônica	taun	[ta'un]

64. Sintomas. Tratamentos. Parte 1

sintoma (m)	əlamət	[æla'mæt]
temperatura (f)	qızdırma	[gızdır'ma]
febre (f)	yüksək qızdırma	[jyk'sæk gızdır'ma]
pulso (m)	nəbz	['næbz]

vertigem (f)	başgicəllənməsi	[baʃgidʒʲællænmæ'si]
quente (testa, etc.)	isti	[is'ti]
calafrio (m)	titrəmə	[titræ'mæ]
pálido (adj)	rəngi ağarmış	[ræ'ngi aɣar'mıʃ]

tosse (f)	öskürək	[øsky'ræk]
tossir (vi)	öskürmək	[øskyr'mæk]
espirrar (vi)	asqırmaq	[asgır'mah]
desmaio (m)	bihuşluq	[bihuʃ'lʲuh]
desmaiar (vi)	huşunu itirmək	['huʃunu itir'mæk]

mancha (f) preta	qançır	[gan'tʃır]
galo (m)	şiş	['ʃiʃ]
machucar-se (vr)	dəymək	[dæj'mæk]
contusão (f)	zədələmə	[zædælæ'mæ]
machucar-se (vr)	zədələnmək	[zædælæn'mæk]

mancar (vi)	axsamaq	[aχsa'mah]
deslocamento (f)	burxulma	[burχul'ma]
deslocar (vt)	burxutmaq	[burχut'mah]
fratura (f)	sınıq	[sı'nıh]
fraturar (vt)	sındırmaq	[sındır'mah]

corte (m)	kəsik	[kæ'sik]
cortar-se (vr)	kəsmək	[kæs'mæk]
hemorragia (f)	qanaxma	[ganaχ'ma]

queimadura (f)	yanıq	[ja'nıh]
queimar-se (vr)	yanmaq	[jan'mah]

picar (vt)	batırmaq	[batır'mah]
picar-se (vr)	batırmaq	[batır'mah]
lesionar (vt)	zədələmək	[zædælæ'mæk]
lesão (m)	zədə	[zæ'dæ]
ferida (f), ferimento (m)	yara	[ja'ra]
trauma (m)	travma	['travma]

delirar (vi)	sayıqlamaq	[sajıgla'mah]
gaguejar (vi)	kəkələmək	[kækælæ'mæk]
insolação (f)	gün vurması	['gyn vurma'sı]

65. Sintomas. Tratamentos. Parte 2

dor (f)	ağrı	[a'ɣrı]
farpa (no dedo, etc.)	tikan	[ti'kan]

suor (m)	tər	['tær]
suar (vi)	tərləmək	[tærlæ'mæk]
vômito (m)	qusma	[gus'ma]
convulsões (f pl)	qıc	['gıʤ']

grávida (adj)	hamilə	[hami'læ]
nascer (vi)	anadan olmaq	[ana'dan ol'mah]
parto (m)	doğuş	[do'ɣuʃ]
dar à luz	doğmaq	[do'ɣmah]
aborto (m)	uşaq saldırma	[u'ʃah saldır'ma]

respiração (f)	tənəffüs	[tænæf'fys]
inspiração (f)	nəfəs alma	[næ'fæs al'ma]
expiração (f)	nəfəs vermə	[næ'fæs vɛr'mæ]
expirar (vi)	nəfəs vermək	[næ'fæs vɛr'mæk]
inspirar (vi)	nəfəs almaq	[næ'fæs al'mah]

inválido (m)	əlil	[æ'lil]
aleijado (m)	şikəst	[ʃi'kæst]
drogado (m)	narkoman	[narko'man]

surdo (adj)	kar	['kar]
mudo (adj)	lal	['lal]
surdo-mudo (adj)	lal-kar	['lal 'kar]

louco, insano (adj)	dəli	[dæ'li]
louco (m)	dəli	[dæ'li]
louca (f)	dəli	[dæ'li]
ficar louco	dəli olmaq	[dæ'li ol'mah]

gene (m)	gen	['gɛn]
imunidade (f)	immunitet	[immuni'tɛt]
hereditário (adj)	irsi	[ir'si]
congênito (adj)	anadangəlmə	[anadangæl'mæ]
vírus (m)	virus	['virus]

micróbio (m)	mikrob	[mik'rop]
bactéria (f)	bakteriya	[bak'tɛrija]
infecção (f)	infeksiya	[in'fɛksija]

66. Sintomas. Tratamentos. Parte 3

| hospital (m) | xəstəxana | [χæstæχa'na] |
| paciente (m) | pasiyent | [pasi'ɛnt] |

diagnóstico (m)	diaqnoz	[di'agnoz]
cura (f)	müalicə	[myali'dʒʲæ]
curar-se (vr)	müalicə olunmaq	[myali'dʒʲæ olʲun'mah]
tratar (vt)	müalicə etmək	[myali'dʒʲæ ɛt'mæk]
cuidar (pessoa)	xəstəyə qulluq etmək	[χæstæ'jæ gul'lʲuh ɛt'mæk]
cuidado (m)	xəstəyə qulluq	[χæstæ'jæ gul'lʲuh]

operação (f)	əməliyyat	[æmæli'at]
enfaixar (vt)	sarğı bağlamaq	[sar'ɣı baɣla'mah]
enfaixamento (m)	sarğı	[sar'ɣı]

vacinação (f)	peyvənd	[pɛj'vænd]
vacinar (vt)	peyvənd etmək	[pɛj'vænd æt'mæk]
injeção (f)	iynə	[ij'næ]
dar uma injeção	iynə vurmaq	[ij'næ vur'mah]

amputação (f)	amputasiya	[ampu'tasija]
amputar (vt)	amputasiya etmək	[ampu'tasija ɛt'mæk]
coma (f)	koma	['koma]
estar em coma	komaya düşmək	['komaja dyʃ'mæk]
reanimação (f)	reanimasiya	[rɛani'masija]

recuperar-se (vr)	sağalmaq	[saɣal'mah]
estado (~ de saúde)	vəziyyət	[væzi'æt]
consciência (perder a ~)	huş	['huʃ]
memória (f)	yaddaş	[jad'daʃ]

tirar (vt)	çəkdirmək	[tʃækdir'mæk]
obturação (f)	plomb	['plomp]
obturar (vt)	plomblamaq	[plombla'mah]

| hipnose (f) | hipnoz | [hip'noz] |
| hipnotizar (vt) | hipnoz etmək | [hip'noz ɛt'mæk] |

67. Medicina. Drogas. Acessórios

medicamento (m)	dərman	[dær'man]
remédio (m)	dava	[da'va]
receitar (vt)	yazmaq	[jaz'mah]
receita (f)	resept	[rɛ'sɛpt]

| comprimido (m) | həb | ['hæp] |
| unguento (m) | məlhəm | [mæl'hæm] |

ampola (f)	ampula	['ampula]
solução, preparado (m)	mikstura	[miks'tura]
xarope (m)	sirop	[si'rop]
cápsula (f)	həb	['hæp]
pó (m)	toz dərman	['toz dær'man]
atadura (f)	bint	['bint]
algodão (m)	pambıq	[pam'bıh]
iodo (m)	yod	['jod]
curativo (m) adesivo	yapışan məlhəm	[japı'ʃan mæl'hæm]
conta-gotas (m)	damcıtökən	[damdʒˈıtø'kæn]
termômetro (m)	termometr	[tɛr'momɛtr]
seringa (f)	şpris	['ʃpris]
cadeira (f) de rodas	əlil arabası	[æ'lil araba'sı]
muletas (f pl)	qoltuqağacı	[goltuɣaɣa'dʒˈı]
analgésico (m)	ağrıkəsici	[aɣrıkæsi'dʒˈi]
laxante (m)	işlətmə dərmanı	[iʃlæt'mæ dærma'nı]
álcool (m)	spirt	['spirt]
ervas (f pl) medicinais	bitki	[bit'ki]
de ervas (chá ~)	bitki	[bit'ki]

70

APARTAMENTO

68. Apartamento

apartamento (m)	mənzil	[mæn'zil]
quarto, cômodo (m)	otaq	[o'tah]
quarto (m) de dormir	yataq otağı	[ja'tah ota'ɣı]
sala (f) de jantar	yemək otağı	[ɛ'mæk ota'ɣı]
sala (f) de estar	qonaq otağı	[go'nah ota'ɣı]
escritório (m)	iş otağı	['iʃ ota'ɣı]
sala (f) de entrada	dəhliz	[dæh'liz]
banheiro (m)	vanna otağı	[van'na ota'ɣı]
lavabo (m)	tualet	[tua'lɛt]
teto (m)	tavan	[ta'van]
chão, piso (m)	döşəmə	[døʃæ'mæ]
canto (m)	künc	['kyndʒi]

69. Mobiliário. Interior

mobiliário (m)	mebel	['mɛbɛl]
mesa (f)	masa	[ma'sa]
cadeira (f)	stul	['stul]
cama (f)	çarpayı	[ʧarpa'jı]
sofá, divã (m)	divan	[di'van]
poltrona (f)	kreslo	['krɛslo]
estante (f)	kitab şkafı	[ki'tap ʃka'fı]
prateleira (f)	kitab rəfi	[ki'tap ræ'fi]
guarda-roupas (m)	paltar üçün şkaf	[pal'tar ju'ʧun ʃ'kaf]
cabide (m) de parede	paltarasan	[paltara'san]
cabideiro (m) de pé	dik paltarasan	['dik paltara'san]
cômoda (f)	kamod	[ka'mod]
mesinha (f) de centro	jurnal masası	[ʒur'nal masa'sı]
espelho (m)	güzgü	[gyz'gy]
tapete (m)	xalı	[χa'lı]
tapete (m) pequeno	xalça	[χal'ʧa]
lareira (f)	kamin	[ka'min]
vela (f)	şam	['ʃam]
castiçal (m)	şamdan	[ʃam'dan]
cortinas (f pl)	pərdə	[pær'dæ]
papel (m) de parede	divar kağızı	[di'var kiaɣı'zı]

persianas (f pl)	jalyuzi	[ʒalʲu'zi]
luminária (f) de mesa	stol lampası	['stol lamp'sı]
luminária (f) de parede	çıraq	[ʧı'rah]
abajur (m) de pé	torşer	[tor'ʃɛr]
lustre (m)	çilçıraq	[ʧilʧı'rah]

pé (de mesa, etc.)	ayaq	[a'jah]
braço, descanso (m)	qoltuqaltı	[goltuɣal'tı]
costas (f pl)	söykənəcək	['søjkænæ'dʒʲæk]
gaveta (f)	siyirtmə	[sijırt'mæ]

70. Quarto de dormir

roupa (f) de cama	yataq dəyişəyi	[ja'tah dæiʃæ'jı]
travesseiro (m)	yastıq	[jas'tıh]
fronha (f)	yastıqüzü	[jastıgy'zy]
cobertor (m)	yorğan	[jor'ɣan]
lençol (m)	mələfə	[mælæ'fæ]
colcha (f)	örtük	[ør'tyk]

71. Cozinha

cozinha (f)	mətbəx	[mæt'bæχ]
gás (m)	qaz	['gaz]
fogão (m) a gás	qaz plitəsi	['gaz plitæ'si]
fogão (m) elétrico	elektrik plitəsi	[ɛlɛkt'rik plitæ'si]
forno (m)	duxovka	[duχov'ka]
forno (m) de micro-ondas	mikrodalğalı soba	[mikrodalɣa'lı so'ba]

geladeira (f)	soyuducu	[sojudu'dʒy]
congelador (m)	dondurucu kamera	[donduru'dʒy 'kamɛra]
máquina (f) de lavar louça	qabyuyan maşın	[gaby'jan ma'ʃın]

moedor (m) de carne	ət çəkən maşın	['æt ʧæ'kæn ma'ʃın]
espremedor (m)	şirəçəkən maşın	[ʃiræʧæ'kæn ma'ʃın]
torradeira (f)	toster	['tostɛr]
batedeira (f)	mikser	['miksɛr]

máquina (f) de café	qəhvə hazırlayan maşın	[gæh'væ hazırla'jan ma'ʃın]
cafeteira (f)	qəhvədan	[gæhvæ'dan]
moedor (m) de café	qəhvə üyüdən maşın	[gæh'væ yjy'dæn ma'ʃın]

chaleira (f)	çaydan	[ʧaj'dan]
bule (m)	dəm çaydanı	['dæm ʧajda'nı]
tampa (f)	qapaq	[ga'pah]
coador (m) de chá	kiçik ələk	[ki'ʧik æ'læk]

colher (f)	qaşıq	[ga'ʃıh]
colher (f) de chá	çay qaşığı	['ʧaj gaʃı'ɣı]
colher (f) de sopa	xörək qaşığı	[χø'ræk gaʃı'ɣı]
garfo (m)	çəngəl	[ʧæ'ngæl]
faca (f)	bıçaq	[bı'ʧah]

louça (f)	qab-qacaq	['gap ga'dʒⁱah]
prato (m)	boşqab	[boʃ'gap]
pires (m)	nəlbəki	[nælbæ'ki]
cálice (m)	qədəh	[gæ'dæh]
copo (m)	stəkan	[stæ'kan]
xícara (f)	fincan	[fin'dʒⁱan]
açucareiro (m)	qənd qabı	['gænd ga'bı]
saleiro (m)	duz qabı	['duz ga'bı]
pimenteiro (m)	istiot qabı	[isti'ot ga'bı]
manteigueira (f)	yağ qabı	['jaɣ ga'bı]
panela (f)	qazan	[ga'zan]
frigideira (f)	tava	[ta'va]
concha (f)	çömçə	[tʃœm'tʃæ]
coador (m)	aşsüzən	[aʃsy'zæn]
bandeja (f)	mecməyi	[mædʒⁱmæ'jı]
garrafa (f)	şüşə	[ʃy'ʃæ]
pote (m) de vidro	şüşə banka	[ʃy'ʃæ ban'ka]
lata (~ de cerveja)	banka	[ban'ka]
abridor (m) de garrafa	açan	[a'tʃan]
abridor (m) de latas	konserv ağzı açan	[kon'sɛrv a'ɣzı a'tʃan]
saca-rolhas (m)	burğu	[bur'ɣu]
filtro (m)	süzgec	[syz'gædʒⁱ]
filtrar (vt)	süzgecdən keçirmək	[syzgædʒⁱ'dæn kɛtʃir'mæk]
lixo (m)	zibil	[zi'bil]
lixeira (f)	zibil vedrəsi	[zi'bil vɛdræ'si]

72. Casa de banho

banheiro (m)	vanna otağı	[van'na ota'ɣı]
água (f)	su	['su]
torneira (f)	kran	['kran]
água (f) quente	isti su	[is'ti 'su]
água (f) fria	soyuq su	[so'juh 'su]
pasta (f) de dente	diş mecunu	['diʃ mædʒy'nu]
escovar os dentes	dişləri fırçalamaq	[diʃlæ'ri fırtʃala'mah]
barbear-se (vr)	üzünü qırxmaq	[yzy'ny gırχ'mah]
espuma (f) de barbear	üz qırxmaq üçün köpük	['juz gırχ'mah ju'tʃun kø'pyk]
gilete (f)	ülgüc	[ylⁱ'gydʒⁱ]
lavar (vt)	yumaq	[ju'mah]
tomar banho	yuyunmaq	[jujun'mah]
chuveiro (m), ducha (f)	duş	['duʃ]
tomar uma ducha	duş qəbul etmək	['duʃ gæ'bul ɛt'mæk]
banheira (f)	vanna	[van'na]
vaso (m) sanitário	unitaz	[uni'taz]

pia (f)	su çanağı	['su tʃana'ɣɪ]
sabonete (m)	sabun	[sa'bun]
saboneteira (f)	sabun qabı	[sa'bun ga'bɪ]

esponja (f)	hamam süngəri	[ha'mam syngæ'ri]
xampu (m)	şampun	[ʃam'pun]
toalha (f)	dəsmal	[dæs'mal]
roupão (m) de banho	hamam xələti	[ha'mam χælæ'ti]

lavagem (f)	paltarın yuyulması	[palta'rɪn yjulma'sɪ]
lavadora (f) de roupas	paltaryuyan maşın	[paltary'jan ma'ʃɪn]
lavar a roupa	paltar yumaq	[pal'tar ju'mah]
detergente (m)	yuyucu toz	[juju'dʒy 'toz]

73. Eletrodomésticos

televisor (m)	televizor	[tɛlɛ'vizor]
gravador (m)	maqnitofon	[magnito'fon]
videogravador (m)	videomaqnitofon	[vidɛomagnito'fon]
rádio (m)	qəbuledici	[gæbulɛdi'dʒi]
leitor (m)	pleyer	['plɛjɛr]

projetor (m)	video proyektor	[vidɛo pro'ɛktor]
cinema (m) em casa	ev kinoteatrı	['æv kinotɛat'rɪ]
DVD Player (m)	DVD maqnitofonu	[divi'di magnitofo'nu]
amplificador (m)	səs gücləndiricisi	['sæs gydʒilændiridʒi'si]
console (f) de jogos	oyun əlavəsi	[o'jun ælavæ'si]

câmera (f) de vídeo	videokamera	[vidɛo'kamɛra]
máquina (f) fotográfica	fotoaparat	[fotoapa'rat]
câmera (f) digital	rəqəm fotoaparatı	[ræ'gæm fotoapara'tɪ]

aspirador (m)	tozsoran	[tozso'ran]
ferro (m) de passar	ütü	[y'ty]
tábua (f) de passar	ütü taxtası	[y'ty taχta'sɪ]

telefone (m)	telefon	[tɛlɛ'fon]
celular (m)	mobil telefon	[mo'bil tɛlɛ'fon]
máquina (f) de escrever	yazı maşını	[ja'zɪ maʃɪ'nɪ]
máquina (f) de costura	tikiş maşını	[ti'kiʃ maʃɪ'nɪ]

microfone (m)	mikrofon	[mikro'fon]
fone (m) de ouvido	qulaqlıqlar	[gulaglɪg'lar]
controle remoto (m)	pult	['pult]

CD (m)	SD diski	[si'di dis'ki]
fita (f) cassete	kasset	[kas'sɛt]
disco (m) de vinil	val	['val]

A TERRA. TEMPO

74. Espaço sideral

espaço, cosmo (m)	kosmos	['kosmos]
espacial, cósmico (adj)	kosmik	[kos'mik]
espaço (m) cósmico	kosmik fəza	[kos'mik fæ'za]

mundo (m)	dünya	[dy'nja]
universo (m)	kainat	[kai'nat]
galáxia (f)	qalaktika	[ga'laktika]

| estrela (f) | ulduz | [ul'duz] |
| constelação (f) | bürc | ['byrdʒi] |

| planeta (m) | planet | [pla'nɛt] |
| satélite (m) | peyk | ['pɛjk] |

meteorito (m)	meteorit	[mɛtɛo'rit]
cometa (m)	kometa	[ko'mɛta]
asteroide (m)	asteroid	[astɛ'roid]

órbita (f)	orbita	[or'bita]
girar (vi)	fırlanmaq	[fırlan'mah]
atmosfera (f)	atmosfer	[atmos'fɛr]

Sol (m)	Günəş	[gy'næʃ]
Sistema (m) Solar	Günəş sistemi	[gy'næʃ sistɛ'mi]
eclipse (m) solar	günəşin tutulması	[gynæ'ʃin tutulma'sı]

| Terra (f) | Yer | ['ɛr] |
| Lua (f) | Ay | ['aj] |

Marte (m)	Mars	['mars]
Vênus (f)	Venera	[vɛ'nɛra]
Júpiter (m)	Yupiter	[ju'pitɛr]
Saturno (m)	Saturn	[sa'turn]

Mercúrio (m)	Merkuri	[mɛr'kurij]
Urano (m)	Uran	[u'ran]
Netuno (m)	Neptun	[nɛp'tun]
Plutão (m)	Pluton	[plʲu'ton]

Via Láctea (f)	Ağ Yol	['aɣ 'jol]
Ursa Maior (f)	Böyük ayı bürcü	[bø'juk a'jı byr'dʒy]
Estrela Polar (f)	Qütb ulduzu	['gytb uldu'zu]

marciano (m)	marslı	[mars'lı]
extraterrestre (m)	başqa planetdən gələn	[baʃ'ga planɛt'dæn gæ'læn]
alienígena (m)	gəlmə	[gæl'mæ]

disco (m) voador	uçan boşqab	[u'tʃan boʃ'gap]
espaçonave (f)	kosmik gəmi	[kos'mik gæ'mi]
estação (f) orbital	orbital stansiya	[orbi'tal 'stansija]
lançamento (m)	start	['start]

motor (m)	müherrik	[myhær'rik]
bocal (m)	ucluq	[udʒ'lʲuh]
combustível (m)	yanacaq	[jana'dʒʲah]

| cabine (f) | kabina | [ka'bina] |
| antena (f) | antenna | [an'tɛnna] |

vigia (f)	illüminator	[illymi'nator]
bateria (f) solar	günəş batareyası	[gy'næʃ bata'rɛjasɪ]
traje (m) espacial	skafandr	[ska'fandr]

| imponderabilidade (f) | çəkisizlik | [tʃækisiz'lik] |
| oxigênio (m) | oksigen | [oksi'gɛn] |

| acoplagem (f) | uc-uca calama | ['udʒʲ u'dʒʲa dʒʲala'ma] |
| fazer uma acoplagem | uc-uca calamaq | ['udʒʲ u'dʒʲa dʒʲala'mah] |

| observatório (m) | observatoriya | [obsɛrva'torija] |
| telescópio (m) | teleskop | [tɛlɛs'kop] |

| observar (vt) | müşaidə etmək | [myʃai'dæ ɛt'mæk] |
| explorar (vt) | araşdırmaq | [araʃdɪr'mah] |

75. A Terra

Terra (f)	Yer	['ɛr]
globo terrestre (Terra)	yer kürəsi	['ɛr kyræ'si]
planeta (m)	planet	[pla'nɛt]

atmosfera (f)	atmosfer	[atmos'fɛr]
geografia (f)	coğrafiya	[dʒʲo'ɣrafija]
natureza (f)	təbiət	[tæbi'æt]

globo (mapa esférico)	qlobus	['globus]
mapa (m)	xəritə	[xæri'tæ]
atlas (m)	atlas	['atlas]

| Europa (f) | Avropa | [av'ropa] |
| Ásia (f) | Asiya | ['asija] |

| África (f) | Afrika | ['afrika] |
| Austrália (f) | Avstraliya | [av'stralija] |

América (f)	Amerika	[a'mɛrika]
América (f) do Norte	Şimali Amerika	[ʃima'li a'mɛrika]
América (f) do Sul	Cənubi Amerika	[dʒʲænu'bi a'mɛrika]

| Antártida (f) | Antarktida | [antark'tida] |
| Ártico (m) | Arktika | ['arktika] |

76. Pontos cardeais

norte (m)	şimal	[ʃi'mal]
para norte	şimala	[ʃima'la]
no norte	şimalda	[ʃimal'da]
do norte (adj)	şimali	[ʃima'li]
sul (m)	cənub	[dʒˈæ'nup]
para sul	cənuba	[dʒˈænu'ba]
no sul	cənubda	[dʒˈænub'da]
do sul (adj)	cənubi	[dʒˈænu'bi]
oeste, ocidente (m)	qərb	['gærp]
para oeste	qərbə	[gær'bæ]
no oeste	qərbdə	[gærb'dæ]
ocidental (adj)	qərb	['gærp]
leste, oriente (m)	şərq	['ʃærh]
para leste	şərqə	[ʃær'gæ]
no leste	şərqdə	[ʃærg'dæ]
oriental (adj)	şərq	['ʃærh]

77. Mar. Oceano

mar (m)	dəniz	[dæ'niz]
oceano (m)	okean	[okɛ'an]
golfo (m)	körfəz	[kør'fæz]
estreito (m)	boğaz	[bo'gaz]
terra (f) firme	quru	[gu'ru]
continente (m)	materik	[matɛ'rik]
ilha (f)	ada	[a'da]
península (f)	yarımada	[jarıma'da]
arquipélago (m)	arxipelaq	[arχipɛ'lah]
baía (f)	buxta	['buχta]
porto (m)	liman	[li'man]
lagoa (f)	laquna	[la'guna]
cabo (m)	burun	[bu'run]
atol (m)	mərcan adası	[mær'dʒˈan ada'sı]
recife (m)	rif	['rif]
coral (m)	mərcan	[mær'dʒˈan]
recife (m) de coral	mərcan rifi	[mær'dʒˈan ri'fi]
profundo (adj)	dərin	[dæ'rin]
profundidade (f)	dərinlik	[dærin'lik]
abismo (m)	dərinlik	[dærin'lik]
fossa (f) oceânica	çuxur	[tʃu'χur]
corrente (f)	axın	[a'χın]
banhar (vt)	əhatə etmək	[æha'tæ ɛt'mæk]
litoral (m)	sahil	[sa'hil]

costa (f)	sahilboyu	[sahilbo'ju]
maré (f) alta	yükselme	[jyksæl'mæ]
refluxo (m)	çekilme	[ʧækil'mæ]
restinga (f)	dayaz yer	[da'jaz 'ɛr]
fundo (m)	dib	['dip]
onda (f)	dalğa	[dal'ɣa]
crista (f) da onda	lepe beli	[læ'pæ bɛ'li]
espuma (f)	köpük	[kø'pyk]
tempestade (f)	fırtına	[fɪrtɪ'na]
furacão (m)	qasırğa	[gasɪr'ɣa]
tsunami (m)	tsunami	[ʦu'nami]
calmaria (f)	tam sakitlik	['tam sakit'lik]
calmo (adj)	sakit	[sa'kit]
polo (m)	polyus	['polʲus]
polar (adj)	qütbi	[gyt'bi]
latitude (f)	en dairesi	['ɛn dairæ'si]
longitude (f)	uzunluq dairesi	[uzun'lʲuh dairæ'si]
paralela (f)	paralel	[para'lɛl]
equador (m)	ekvator	[ɛk'vator]
céu (m)	sema	[sæ'ma]
horizonte (m)	üfüq	[y'fyh]
ar (m)	hava	[ha'va]
farol (m)	mayak	[ma'jak]
mergulhar (vi)	dalmaq	[dal'mah]
afundar-se (vr)	batmaq	[bat'mah]
tesouros (m pl)	xezine	[χæzi'næ]

78. Nomes de Mares e Oceanos

Oceano (m) Atlântico	Atlantik okean	[atlan'tik okɛ'an]
Oceano (m) Índico	Hind okeanı	['hind okɛa'nɪ]
Oceano (m) Pacífico	Sakit okean	[sa'kit okɛ'an]
Oceano (m) Ártico	Şimal buzlu okeanı	[ʃi'mal buz'lʲu okɛ'an]
Mar (m) Negro	Qara deniz	[ga'ra dæ'niz]
Mar (m) Vermelho	Qırmızı deniz	[gɪrmɪ'zɪ dæ'niz]
Mar (m) Amarelo	Sarı deniz	[sa'rɪ dæ'niz]
Mar (m) Branco	Ağ deniz	['aɣ dæ'niz]
Mar (m) Cáspio	Xezer denizi	[χæ'zær dæni'zi]
Mar (m) Morto	Ölü denizi	[ø'ly dæni'zi]
Mar (m) Mediterrâneo	Aralıq denizi	[ara'lɪh dæni'zi]
Mar (m) Egeu	Egey denizi	[æ'gɛj dæni'zi]
Mar (m) Adriático	Adriatik denizi	[adria'tik dæni'zi]
Mar (m) Arábico	Ereb denizi	[æ'ræp dæni'zi]
Mar (m) do Japão	Yapon denizi	[ja'pon dæni'zi]

| Mar (m) de Bering | Berinq dənizi | ['bɛrinh dæni'zi] |
| Mar (m) da China Meridional | Cənubi Çin dənizi | [dʒ'ænu'bi 'tʃin dæni'zi] |

Mar (m) de Coral	Mərcan dənizi	[mær'dʒ'an dæni'zi]
Mar (m) de Tasman	Tasman dənizi	[tas'man dæni'zi]
Mar (m) do Caribe	Karib dənizi	[ka'rip dæni'zi]

| Mar (m) de Barents | Barens dənizi | ['barɛns dæni'zi] |
| Mar (m) de Kara | Kars dənizi | ['kars dæni'zi] |

Mar (m) do Norte	Şimal dənizi	[ʃi'mal dæni'zi]
Mar (m) Báltico	Baltik dənizi	[bal'tik dæni'zi]
Mar (m) da Noruega	Norveç dənizi	[nor'vɛtʃ dæni'zi]

79. Montanhas

montanha (f)	dağ	['daɣ]
cordilheira (f)	dağ silsiləsi	['daɣ silsilæ'si]
serra (f)	sıra dağlar	[sɪ'ra da'ɣlar]

cume (m)	baş	['baʃ]
pico (m)	zirvə	[zir'væ]
pé (m)	ətək	[æ'tæk]
declive (m)	yamac	[ja'madʒ']

vulcão (m)	yanardağ	[janar'daɣ]
vulcão (m) ativo	fəal yanardağ	[fæ'al janar'daɣ]
vulcão (m) extinto	sönmüş yanardağ	[søn'myʃ janar'daɣ]

erupção (f)	püskürmə	[pyskyr'mæ]
cratera (f)	yanardağ ağzı	[janar'daɣ a'ɣzɪ]
magma (m)	maqma	['magma]
lava (f)	lava	['lava]
fundido (lava ~a)	qızmar	[gɪz'mar]

cânion, desfiladeiro (m)	kanyon	[ka'njon]
garganta (f)	dərə	[dæ'ræ]
fenda (f)	dar dərə	['dar dæ'ræ]

passo, colo (m)	dağ keçidi	['daɣ kɛtʃi'di]
planalto (m)	plato	['plato]
falésia (f)	qaya	[ga'ja]
colina (f)	təpə	[tæ'pæ]

geleira (f)	buzlaq	[buz'lah]
cachoeira (f)	şəlalə	[ʃæla'læ]
gêiser (m)	qeyzer	['gɛjzɛr]
lago (m)	göl	['gølʲ]

planície (f)	düzən	[dy'zæn]
paisagem (f)	mənzərə	[mænzæ'ræ]
eco (m)	əks-səda	['æks sæ'da]
alpinista (m)	alpinist	[alpi'nist]
escalador (m)	qayalara dırmaşan idmançı	[gajala'ra dɪrma'ʃan idman'tʃɪ]

| conquistar (vt) | fəth etmək | ['fæth ɛt'mæk] |
| subida, escalada (f) | dırmaşma | [dɪrmaʃ'ma] |

80. Nomes de montanhas

Alpes (m pl)	Alp dağları	['alp daɣla'rɪ]
Monte Branco (m)	Monblan	[mon'blan]
Pirineus (m pl)	Pireney	[pirɛ'nɛj]

Cárpatos (m pl)	Karpat	[kar'pat]
Urais (m pl)	Ural dağları	[u'ral daɣla'rɪ]
Cáucaso (m)	Qafqaz	[gafʹgaz]
Elbrus (m)	Elbrus	[ɛlb'rus]

Altai (m)	Altay	[al'taj]
Tian Shan (m)	Tyan-Şan	['tjan 'ʃan]
Pamir (m)	Pamir	[pa'mir]
Himalaia (m)	Himalay	[gima'laj]
monte Everest (m)	Everest	[ævɛ'rɛst]

| Cordilheira (f) dos Andes | And dağları | ['and daɣla'rɪ] |
| Kilimanjaro (m) | Kilimancaro | [kiliman'dʒ!aro] |

81. Rios

rio (m)	çay	['tʃaj]
fonte, nascente (f)	çeşmə	[tʃɛʃ'mæ]
leito (m) de rio	çay yatağı	['tʃaj jata'ɣɪ]
bacia (f)	hovuz	[ho'vuz]
desaguar no …	tökülmək	[tøkyl'mæk]

| afluente (m) | axın | [a'χɪn] |
| margem (do rio) | sahil | [sa'hil] |

corrente (f)	axın	[a'χɪn]
rio abaixo	axınla aşağıya doğru	[a'χɪnla aʃaɣɪ'ja do'ɣru]
rio acima	axınla yuxarıya doğru	[a'χɪnla juχarɪ'ja do'ɣru]

inundação (f)	daşqın	[daʃ'gɪn]
cheia (f)	sel	['sɛl]
transbordar (vi)	daşmaq	[daʃ'mah]
inundar (vt)	su basmaq	['su bas'mah]

| banco (m) de areia | say | ['saj] |
| corredeira (f) | kandar | [kan'dar] |

barragem (f)	bənd	['bænd]
canal (m)	kanal	[ka'nal]
reservatório (m) de água	su anbarı	['su anba'rɪ]
eclusa (f)	şlyuz	['ʃlʲuz]
corpo (m) de água	nohur	[no'hur]
pântano (m)	bataqlıq	[batag'lıh]

lamaçal (m)	bataq	[ba'tah]
redemoinho (m)	qıjov	[gı'ʒov]
riacho (m)	kiçik çay	[ki'ʧik 'ʧaj]
potável (adj)	içməli	[iʧmæ'li]
doce (água)	şirin	[ʃi'rin]
gelo (m)	buz	['buz]
congelar-se (vr)	donmaq	[don'mah]

82. Nomes de rios

rio Sena (m)	Sena	['sɛna]
rio Loire (m)	Luara	[lʲu'ara]
rio Tâmisa (m)	Temza	['tɛmza]
rio Reno (m)	Reyn	['rɛjn]
rio Danúbio (m)	Dunay	[du'naj]
rio Volga (m)	Volqa	['volga]
rio Don (m)	Don	['don]
rio Lena (m)	Lena	['lɛna]
rio Amarelo (m)	Xuanxe	[χuan'χɛ]
rio Yangtzé (m)	Yanqdzı	[jang'dzı]
rio Mekong (m)	Mekonq	[mɛ'konh]
rio Ganges (m)	Qanq	['ganh]
rio Nilo (m)	Nil	['nil]
rio Congo (m)	Konqo	['kongo]
rio Cubango (m)	Okavanqo	[oka'vango]
rio Zambeze (m)	Zambezi	[zam'bɛzi]
rio Limpopo (m)	Limpopo	[limpo'po]
rio Mississippi (m)	Missisipi	[misi'sipi]

83. Floresta

floresta (f), bosque (m)	meşə	[mɛ'ʃæ]
florestal (adj)	meşə	[mɛ'ʃæ]
mata (f) fechada	sıx meşəlik	['sıχ mɛʃæ'lik]
arvoredo (m)	ağaclıq	[aɣadʒ'lıh]
clareira (f)	tala	[ta'la]
matagal (m)	cəngəllik	[dʒʲængæl'lik]
mato (m), caatinga (f)	kolluq	[kol'lʲuh]
pequena trilha (f)	cığır	[dʒʲı'ɣır]
ravina (f)	yarğan	[jar'ɣan]
árvore (f)	ağac	[a'ɣadʒʲ]
folha (f)	yarpaq	[jar'pah]

folhagem (f)	yarpaqlar	[jarpag'lar]
queda (f) das folhas	yarpağın tökülməsi	[jarpa'ɣın tøkylmæ'si]
cair (vi)	tökülmək	[tøkyl'mæk]
topo (m)	baş	['baʃ]

ramo (m)	budaq	[bu'dah]
galho (m)	budaq	[bu'dah]
botão (m)	tumurcuq	[tumur'dʒyh]
agulha (f)	iynə	[ij'næ]
pinha (f)	qoza	[go'za]

buraco (m) de árvore	oyuq	[o'juh]
ninho (m)	yuva	[ju'va]
toca (f)	yuva	[ju'va]

tronco (m)	gövdə	[gøv'dæ]
raiz (f)	kök	['køk]
casca (f) de árvore	qabıq	[ga'bıh]
musgo (m)	mamır	[ma'mır]

arrancar pela raiz	kötük çıxarmaq	[kø'tyk tʃıχar'mah]
cortar (vt)	kəsmək	[kæs'mæk]
desflorestar (vt)	qırıb qurtarmaq	[gı'rıp gurtar'mah]
toco, cepo (m)	kötük	[kø'tyk]

fogueira (f)	tonqal	[ton'gal]
incêndio (m) florestal	yanğın	[jan'ɣın]
apagar (vt)	söndürmək	[søndyr'mæk]

guarda-parque (m)	meşəbəyi	[mɛʃæbæ'jı]
proteção (f)	qoruma	[goru'ma]
proteger (a natureza)	mühafizə etmək	[myhafi'zæ ɛt'mæk]
caçador (m) furtivo	brakonyer	[brako'njɛr]
armadilha (f)	tələ	[tæ'læ]

colher (cogumelos, bagas)	yığmaq	[jı'ɣmah]
perder-se (vr)	yolu azmaq	[jo'lʲu az'mah]

84. Recursos naturais

recursos (m pl) naturais	təbii ehtiyatlar	[tæbi'i ɛhtijat'lar]
minerais (m pl)	yeraltı sərvətlər	[ɛral'tı særvæt'lær]
depósitos (m pl)	yataqlar	[jatag'lar]
jazida (f)	yataq	[ja'tah]

extrair (vt)	hasil etmək	[ha'sil ɛt'mæk]
extração (f)	hasilat	[hasi'lat]
minério (m)	filiz	[fi'liz]
mina (f)	mədən	[mæ'dæn]
poço (m) de mina	quyu	[gu'ju]
mineiro (m)	şaxtaçı	['ʃaχtatʃı]

gás (m)	qaz	['gaz]
gasoduto (m)	qaz borusu	['gaz boru'su]

petróleo (m)	neft	['nɛft]
oleoduto (m)	neft borusu	['nɛft boru'su]
poço (m) de petróleo	neft qülləsi	['nɛft gyllæ'si]
torre (f) petrolífera	neft buruğu	['nɛft buru'ɣu]
petroleiro (m)	tanker	['tankɛr]

areia (f)	qum	['gum]
calcário (m)	əhəngdaşı	[æhæŋgda'ʃı]
cascalho (m)	çınqıl	[ʧın'gıl]
turfa (f)	torf	['torf]
argila (f)	gil	['gil]
carvão (m)	kömür	[kø'myr]

ferro (m)	dəmir	[dæ'mir]
ouro (m)	qızıl	[gı'zıl]
prata (f)	gümüş	[gy'myʃ]
níquel (m)	nikel	['nikɛl]
cobre (m)	mis	['mis]

zinco (m)	sink	['sink]
manganês (m)	manqan	[man'gan]
mercúrio (m)	civə	[ʤⁱi'væ]
chumbo (m)	qurğuşun	[gurɣu'ʃun]

mineral (m)	mineral	[minɛ'ral]
cristal (m)	kristal	[kris'tal]
mármore (m)	mərmər	[mær'mær]
urânio (m)	uran	[u'ran]

85. Tempo

tempo (m)	hava	[ha'va]
previsão (f) do tempo	hava proqnozu	[ha'va progno'zu]
temperatura (f)	temperatur	[tɛmpɛra'tur]
termômetro (m)	istilik ölçən	[isti'lik øl'ʧæn]
barômetro (m)	barometr	[ba'romɛtr]

umidade (f)	rütubət	[rytu'bæt]
calor (m)	çox isti hava	['ʧoχ is'ti ha'va]
tórrido (adj)	çox isti	['ʧoχ is'ti]
está muito calor	çox istidir	['ʧoχ is'tidir]

| está calor | istidir | [is'tidir] |
| quente (morno) | isti | [is'ti] |

| está frio | soyuqdur | [so'jugdur] |
| frio (adj) | soyuq | [so'juh] |

sol (m)	günəş	[gy'næʃ]
brilhar (vi)	içıq saçmaq	[i'ʃıh saʧ'mah]
de sol, ensolarado	günəşli	[gynæʃ'li]
nascer (vi)	çıxmaq	[ʧıχ'mah]
pôr-se (vr)	batmaq	[bat'mah]
nuvem (f)	bulud	[bu'lⁱud]

nublado (adj)	buludlu	[bul^jud'l^ju]
nuvem (f) preta	qara bulud	[ga'ra bu'l^jud]
escuro, cinzento (adj)	tutqun	[tut'gun]

chuva (f)	yağış	[ja'ɣıʃ]
está a chover	yağır	[ja'ɣır]
chuvoso (adj)	yağışlı	[jaɣıʃ'lı]
chuviscar (vi)	çiskinləmək	[ʧiskinlæ'mæk]

chuva (f) torrencial	şiddətli yağış	[ʃiddæt'li ja'ɣıʃ]
aguaceiro (m)	sel	['sɛl]
forte (chuva, etc.)	şiddətli	[ʃiddæt'li]
poça (f)	su gölməçəsi	['su gølmæʧæ'si]
molhar-se (vr)	islanmaq	[islan'mah]

nevoeiro (m)	duman	[du'man]
de nevoeiro	dumanlı	[duman'lı]
neve (f)	qar	['gar]
está nevando	qar yağır	['gar ja'ɣır]

86. Tempo extremo. Catástrofes naturais

trovoada (f)	tufan	[tu'fan]
relâmpago (m)	şimşək	[ʃim'ʃæk]
relampejar (vi)	çaxmaq	[ʧaχ'mah]

trovão (m)	göy gurultusu	[gøj gyrultu'su]
trovejar (vi)	guruldamaq	[gurulda'mah]
está trovejando	göy guruldayır	[gøj gyrulda'jır]

granizo (m)	dolu	[do'l^ju]
está caindo granizo	dolu yağır	[do'l^ju ja'ɣır]

inundar (vt)	su basmaq	['su bas'mah]
inundação (f)	daşqın	[daʃ'gın]

terremoto (m)	zəlzələ	[zælzæ'læ]
abalo, tremor (m)	təkan	[tæ'kan]
epicentro (m)	mərkəz	[mær'kæz]

erupção (f)	püskürmə	[pyskyr'mæ]
lava (f)	lava	['lava]

tornado (m)	burağan	[bura'ɣan]
tornado (m)	tornado	[tor'nado]
tufão (m)	şiddətli fırtına	[ʃiddæt'li fırtı'na]

furacão (m)	qasırğa	[gasır'ɣa]
tempestade (f)	fırtına	[fırtı'na]
tsunami (m)	tsunami	[ʦu'nami]

ciclone (m)	siklon	[sik'lon]
mau tempo (m)	pis hava	['pis ha'va]
incêndio (m)	yanğın	[jan'ɣın]

| catástrofe (f) | fəlakət | [fæla'kæt] |
| meteorito (m) | meteorit | [mɛtɛo'rit] |

avalanche (f)	qar uçqunu	['gar uʧgu'nu]
deslizamento (m) de neve	qar uçqunu	['gar uʧgu'nu]
nevasca (f)	çovğun	[ʧov'ɣun]
tempestade (f) de neve	boran	[bo'ran]

FAUNA

87. Mamíferos. Predadores

predador (m)	yırtıcı	[jɪrtɪ'dʒɪ]
tigre (m)	pələng	[pæ'lænh]
leão (m)	şir	['ʃir]
lobo (m)	canavar	[dʒɪana'var]
raposa (f)	tülkü	[tyl'ky]

jaguar (m)	yaquar	[jagu'ar]
leopardo (m)	leopard	[lɛo'pard]
chita (f)	gepard	[gɛ'pard]

pantera (f)	panter	[pan'tɛr]
puma (m)	puma	['puma]
leopardo-das-neves (m)	qar bəbiri	['gar bæbi'ri]
lince (m)	vaşaq	[va'ʃah]

coiote (m)	koyot	[ko'jot]
chacal (m)	çaqqal	[ʧak'kal]
hiena (f)	kaftar	[kɪaf'tar]

88. Animais selvagens

| animal (m) | heyvan | [hɛj'van] |
| besta (f) | vəhşi heyvan | [væh'ʃi hɛj'van] |

esquilo (m)	sincab	[sin'dʒɪap]
ouriço (m)	kirpi	[kir'pi]
lebre (f)	dovşan	[dov'ʃan]
coelho (m)	ev dovşanı	['ɛv dovʃa'nɪ]

texugo (m)	porsuq	[por'suh]
guaxinim (m)	yenot	[ɛ'not]
hamster (m)	dağsiçanı	['daɣsiʧanɪ]
marmota (f)	marmot	[mar'mot]

toupeira (f)	köstəbək	[køstæ'bæk]
rato (m)	siçan	[si'ʧan]
ratazana (f)	siçovul	[siʧo'vul]
morcego (m)	yarasa	[jara'sa]

arminho (m)	sincab	[sin'dʒɪap]
zibelina (f)	samur	[sa'mur]
marta (f)	dələ	[dæ'læ]
doninha (f)	gəlincik	[gɛlin'dʒɪik]
visom (m)	su samuru	['su samu'ru]

| castor (m) | qunduz | [gun'duz] |
| lontra (f) | susamuru | [susamu'ru] |

cavalo (m)	at	['at]
alce (m)	sığın	[sı'ɣɪn]
veado (m)	maral	[ma'ral]
camelo (m)	dəvə	[dæ'væ]

bisão (m)	bizon	[bi'zon]
auroque (m)	zubr	['zubr]
búfalo (m)	camış	[ʤ'a'mɪʃ]

zebra (f)	zebra	['zɛbra]
antílope (m)	antilop	[anti'lop]
corça (f)	cüyür	[ʤy'jur]
gamo (m)	xallı maral	[χal'lı ma'ral]
camurça (f)	dağ keçisi	['daɣ kɛtʃi'si]
javali (m)	qaban	[ga'ban]

baleia (f)	balina	[ba'lina]
foca (f)	suiti	[sui'ti]
morsa (f)	morj	['morʒ]
urso-marinho (m)	dəniz pişiyi	[dæ'niz piʃi'jı]
golfinho (m)	delfin	[dɛl'fin]

urso (m)	ayı	[a'jı]
urso (m) polar	ağ ayı	['aɣ a'jı]
panda (m)	panda	['panda]

macaco (m)	meymun	[mɛj'mun]
chimpanzé (m)	şimpanze	[ʃimpan'zɛ]
orangotango (m)	oranqutan	[orangu'tan]
gorila (m)	qorilla	[go'rilla]
macaco (m)	makaka	[ma'kaka]
gibão (m)	gibbon	[gib'bon]

elefante (m)	fil	['fil]
rinoceronte (m)	kərgədən	[kærgæ'dan]
girafa (f)	zürafə	[zyra'fæ]
hipopótamo (m)	begemot	[bɛgɛ'mot]

| canguru (m) | kenquru | [kɛngu'ru] |
| coala (m) | koala | [ko'ala] |

mangusto (m)	manqust	[man'gust]
chinchila (f)	şinşilla	[ʃin'ʃila]
cangambá (f)	skuns	['skuns]
porco-espinho (m)	oxlu kirpi	[oχ'lʲu kir'pi]

89. Animais domésticos

gata (f)	pişik	[pi'ʃik]
gato (m) macho	pişik	[pi'ʃik]
cão (m)	it	['it]

cavalo (m)	at	['at]
garanhão (m)	ayğır	[aj'ɣır]
égua (f)	madyan	[ma'djan]

vaca (f)	inək	[i'næk]
touro (m)	buğa	[bu'ɣa]
boi (m)	öküz	[ø'kyz]

ovelha (f)	qoyun	[go'jun]
carneiro (m)	qoyun	[go'jun]
cabra (f)	keçi	[kɛ'ʧi]
bode (m)	erkək keçi	[ɛr'kæk kɛ'ʧi]

| burro (m) | eşşək | [ɛ'ʃæk] |
| mula (f) | qatır | [ga'tır] |

porco (m)	donuz	[do'nuz]
leitão (m)	çoşka	[ʧoʃ'ka]
coelho (m)	ev dovşanı	['ɛv dovʃa'nı]

| galinha (f) | toyuq | [to'juh] |
| galo (m) | xoruz | [ɣo'ruz] |

pata (f), pato (m)	ördək	[ør'dæk]
pato (m)	yaşılbaş	[jaʃıl'baʃ]
ganso (m)	qaz	['gaz]

| peru (m) | hind xoruzu | ['hind ɣoru'zu] |
| perua (f) | hind toyuğu | ['hind toju'ɣu] |

animais (m pl) domésticos	ev heyvanları	['æv hɛjvanla'rı]
domesticado (adj)	əhliləşdirilmiş	[æhlilæʃdiril'miʃ]
domesticar (vt)	əhliləşdirmək	[æhlilæʃdir'mæk]
criar (vt)	yetişdirmək	[ɛtiʃdir'mæk]

fazenda (f)	ferma	['fɛrma]
aves (f pl) domésticas	ev quşları	['ɛv guʃla'rı]
gado (m)	mal-qara	['mal ga'ra]
rebanho (m), manada (f)	sürü	[sy'ry]

estábulo (m)	tövlə	[tøv'læ]
chiqueiro (m)	donuz damı	[do'nuz da'mı]
estábulo (m)	inək damı	[i'næk da'mı]
coelheira (f)	ev dovşanı saxlanılan yer	['æv dovʃa'nı saɣlanı'lan 'ɛr]
galinheiro (m)	toyuq damı	[to'juh da'mı]

90. Pássaros

pássaro (m), ave (f)	quş	['guʃ]
pombo (m)	göyərçin	[gøjær'ʧin]
pardal (m)	sərçə	[sær'ʧæ]
chapim-real (m)	arıquşu	[arıgu'ʃu]
pega-rabuda (f)	sağsağan	[saɣsa'ɣan]
corvo (m)	qarğa	[gar'ɣa]

gralha-cinzenta (f)	qarğa	[gar'ɣa]
gralha-de-nuca-cinzenta (f)	dolaşa	[dola'ʃa]
gralha-calva (f)	zağca	[zaɣ'dǯa]
pato (m)	ördək	[ør'dæk]
ganso (m)	qaz	['gaz]
faisão (m)	qırqovul	[gırgo'vul]
águia (f)	qartal	[gar'tal]
açor (m)	qırğı	[gır'ɣı]
falcão (m)	şahin	[ʃa'hin]
abutre (m)	qrif	['grif]
condor (m)	kondor	[kon'dor]
cisne (m)	sona	[so'na]
grou (m)	durna	[dur'na]
cegonha (f)	leylək	[lɛj'læk]
papagaio (m)	tutuquşu	[tutugu'ʃu]
beija-flor (m)	kolibri	[ko'libri]
pavão (m)	tovuz	[to'vuz]
avestruz (m)	straus	[st'raus]
garça (f)	vağ	['vaɣ]
flamingo (m)	qızılqaz	[gızıl'gaz]
pelicano (m)	qutan	[gu'tan]
rouxinol (m)	bülbül	[bylʲ'bylʲ]
andorinha (f)	qaranquş	[garan'guʃ]
tordo-zornal (m)	qaratoyuq	[garato'juh]
tordo-músico (m)	ötən qaratoyuq	[ø'tæn garato'juh]
melro-preto (m)	qara qaratoyuq	[ga'ra garato'juh]
andorinhão (m)	uzunqanad	[uzunga'nad]
cotovia (f)	torağay	[tora'ɣaj]
codorna (f)	bidirçin	[bilʲdir'tʃin]
pica-pau (m)	ağacdələn	[aɣadǯ'dæ'læn]
cuco (m)	ququ quşu	[gu'gu gu'ʃu]
coruja (f)	bayquş	[baj'guʃ]
bufo-real (m)	yapalaq	[japa'lah]
tetraz-grande (m)	Sibir xoruzu	[si'bir ӽoru'zu]
tetraz-lira (m)	tetra quşu	['tɛtra gu'ʃu]
perdiz-cinzenta (f)	kəklik	[kæk'lik]
estorninho (m)	sığırçın	[sıɣır'tʃin]
canário (m)	sarıbülbül	[sarıbylʲ'bylʲ]
galinha-do-mato (f)	qarabağır	[garaba'ɣır]
tentilhão (m)	alacəhrə	[alatʃæh'ræ]
dom-fafe (m)	qar quşu	['gar gu'ʃu]
gaivota (f)	qağayı	[gaga'jı]
albatroz (m)	albatros	[albat'ros]
pinguim (m)	pinqvin	[ping'vin]

91. Peixes. Animais marinhos

brema (f)	çapaq	[ʧa'pah]
carpa (f)	karp	['karp]
perca (f)	xanı balığı	[χa'nı balı'ɣı]
siluro (m)	naqqa	[nak'ka]
lúcio (m)	durnabalığı	[durnabalı'ɣı]
salmão (m)	qızılbalıq	[gızılba'lıh]
esturjão (m)	nərə balığı	[næ'ræ balı'ɣı]
arenque (m)	siyənək	[sijæ'næk]
salmão (m) do Atlântico	somğa	[som'ɣa]
cavala, sarda (f)	skumbriya	['skumbrija]
solha (f), linguado (m)	qalxan balığı	[gal'χan balı'ɣı]
lúcio perca (m)	suf balığı	['suf balı'ɣı]
bacalhau (m)	treska	[trɛs'ka]
atum (m)	tunes	[tu'nɛs]
truta (f)	alabalıq	[alaba'lıh]
enguia (f)	angvil balığı	[ang'vil balı'ɣı]
raia (f) elétrica	elektrikli skat	[ɛlɛktrik'li 'skat]
moreia (f)	müren balığı	[my'rɛn balı'ɣı]
piranha (f)	piranya balığı	[pi'ranja balı'ɣı]
tubarão (m)	köpək balığı	[kø'pæk balı'ɣı]
golfinho (m)	delfin	[dɛl'fin]
baleia (f)	balina	[ba'lina]
caranguejo (m)	qısaquyruq	[gısaguj'ruh]
água-viva (f)	meduza	[mɛ'duza]
polvo (m)	səkkizayaqlı ilbiz	[sækkizajag'lı il'biz]
estrela-do-mar (f)	dəniz ulduzu	[dæ'niz uldu'zu]
ouriço-do-mar (m)	dəniz kirpisi	[dæ'niz kirpi'si]
cavalo-marinho (m)	dəniz atı	[dæ'niz a'tı]
ostra (f)	istridyə	[istri'dʲæ]
camarão (m)	krevet	[krɛ'vɛt]
lagosta (f)	omar	[o'mar]
lagosta (f)	lanqust	[lan'gust]

92. Anfíbios. Répteis

cobra (f)	ilan	[i'lan]
venenoso (adj)	zəhərli	[zæhær'li]
víbora (f)	gürzə	[gyr'zæ]
naja (f)	kobra	['kobra]
píton (m)	piton	[pi'ton]
jiboia (f)	boa	[bo'a]
cobra-de-água (f)	koramal	[kora'mal]

cascavel (f)	zınqırovlu ilan	[zıngırov'lʲu i'lan]
anaconda (f)	anakonda	[ana'konda]

lagarto (m)	kərtənkələ	[kærtænkæ'læ]
iguana (f)	iquana	[igu'ana]
varano (m)	çöl kərtənkələsi	[tʃœl kærtænkælæ'si]
salamandra (f)	salamandr	[sala'mandr]
camaleão (m)	buğələmun	[buɣælæ'mun]
escorpião (m)	əqrəb	[æg'ræp]

tartaruga (f)	tısbağa	[tısba'ɣa]
rã (f)	qurbağa	[gurba'ɣa]
sapo (m)	quru qurbağası	[gu'ru gurbaɣa'sı]
crocodilo (m)	timsah	[tim'sah]

93. Insetos

inseto (m)	həşarat	[hæʃa'rat]
borboleta (f)	kəpənək	[kæpæ'næk]
formiga (f)	qarışqa	[garıʃ'ga]
mosca (f)	milçək	[mil'tʃæk]
mosquito (m)	ağcaqanad	[aɣdʒʲaga'nad]
escaravelho (m)	böcək	[bø'dʒʲæk]

vespa (f)	arı	[a'rı]
abelha (f)	bal arısı	['bal arı'sı]
mamangaba (f)	eşşək arısı	[ɛ'ʃʃæk arı'sı]
moscardo (m)	mozalan	[moza'lan]

aranha (f)	hörümçək	[hørym'tʃæk]
teia (f) de aranha	hörümçək toru	[hørym'tʃæk toru]

libélula (f)	cırcırama	[dʒʲırdʒʲıra'ma]
gafanhoto (m)	şala cırcıraması	[ʃa'la dʒʲırdʒʲırama'sı]
traça (f)	pərvanə	[pærva'næ]

barata (f)	tarakan	[tara'kan]
carrapato (m)	gənə	[gæ'næ]
pulga (f)	birə	[bi'ræ]
borrachudo (m)	mığmığa	[mıɣmı'ɣa]

gafanhoto (m)	çəyirtkə	[tʃæjırt'kæ]
caracol (m)	ilbiz	[il'biz]
grilo (m)	sisəy	[si'sæj]
pirilampo, vaga-lume (m)	işıldaquş	[iʃılda'guʃ]
joaninha (f)	xanımböcəyi	[χanımbødʒʲæ'jı]
besouro (m)	may böcəyi	['maj bødʒʲæ'jı]

sanguessuga (f)	zəli	[zæ'li]
lagarta (f)	kəpənək qurdu	[kæpæ'næk gur'du]
minhoca (f)	qurd	['gurd]
larva (f)	sürfə	[syr'fæ]

FLORA

94. Árvores

árvore (f)	ağac	[a'ɣadʒ]
decídua (adj)	yarpaqlı	[jarpag'lı]
conífera (adj)	iynəli	[ijnæ'li]
perene (adj)	həmişəyaşıl	[hæmiʃæja'ʃıl]

macieira (f)	alma	[al'ma]
pereira (f)	armud	[ar'mud]
cerejeira (f)	gilas	[gi'las]
ginjeira (f)	albalı	[alba'lı]
ameixeira (f)	gavalı	[gava'lı]

bétula (f)	tozağacı	[tozaɣa'dʒı]
carvalho (m)	palıd	[pa'lıd]
tília (f)	cökə	[dʒ'ø'kæ]
choupo-tremedor (m)	ağcaqovaq	[aɣdʒ'ago'vah]
bordo (m)	ağcaqayın	[aɣdʒ'aga'jın]
espruce (m)	küknar	[kyk'nar]
pinheiro (m)	şam	['ʃam]
alerce, lariço (m)	qara şam ağacı	[ga'ra 'ʃam aɣa'dʒı]
abeto (m)	ağ şam ağacı	['aɣ 'ʃam aɣadʒı]
cedro (m)	sidr	['sidr]

choupo, álamo (m)	qovaq	[go'vah]
tramazeira (f)	quşarmudu	[guʃarmu'du]
salgueiro (m)	söyüd	[sø'jud]
amieiro (m)	qızılağac	[gızıla'ɣadʒ]
faia (f)	fıstıq	[fıs'tıh]
ulmeiro, olmo (m)	qarağac	[gara'ɣadʒ]
freixo (m)	göyrüş	[gøj'ryʃ]
castanheiro (m)	şabalıd	[ʃaba'lıd]

magnólia (f)	maqnoliya	[mag'nolija]
palmeira (f)	palma	['palma]
cipreste (m)	sərv	['særv]

mangue (m)	manqra ağacı	['mangra aɣa'dʒı]
embondeiro, baobá (m)	baobab	[bao'bap]
eucalipto (m)	evkalipt	[ɛvka'lipt]
sequoia (f)	sekvoya	[sɛk'voja]

95. Arbustos

arbusto (m)	kol	['køl]
arbusto (m), moita (f)	kolluq	[kol'lʲuh]

videira (f)	üzüm	[y'zym]
vinhedo (m)	üzüm bağı	[y'zym ba'ɣı]

framboeseira (f)	moruq	[mo'ruh]
groselheira-vermelha (f)	qırmızı qarağat	[gırmı'zı gara'ɣat]
groselheira (f) espinhosa	krıjovnik	[krı'ʒovnik]

acácia (f)	akasiya	[a'kasija]
bérberis (f)	zərinc	[zæ'rindʒ]
jasmim (m)	jasmin	[ʒas'min]

junípero (m)	ardıc kolu	[ar'dıdʒ ko'lʲu]
roseira (f)	qızılgül kolu	[gızıl'gylʲ ko'lʲu]
roseira (f) brava	itburnu	[itbur'nu]

96. Frutos. Bagas

maçã (f)	alma	[al'ma]
pera (f)	armud	[ar'mud]
ameixa (f)	gavalı	[gava'lı]
morango (m)	bağ çiyələyi	['baɣ tʃijælæ'jı]
ginja (f)	albalı	[alba'lı]
cereja (f)	gilas	[gi'las]
uva (f)	üzüm	[y'zym]

framboesa (f)	moruq	[mo'ruh]
groselha (f) negra	qara qarağat	[ga'ra gara'ɣat]
groselha (f) vermelha	qırmızı qarağat	[gırmı'zı gara'ɣat]
groselha (f) espinhosa	krıjovnik	[krı'ʒovnik]
oxicoco (m)	quşüzümü	[guʃyzy'my]
laranja (f)	portağal	[porta'ɣal]
tangerina (f)	mandarin	[manda'rin]
abacaxi (m)	ananas	[ana'nas]
banana (f)	banan	[ba'nan]
tâmara (f)	xurma	[ҳur'ma]

limão (m)	limon	[li'mon]
damasco (m)	ərik	[æ'rik]
pêssego (m)	şaftalı	[ʃafta'lı]
quiuí (m)	kivi	['kivi]
toranja (f)	qreypfrut	['grɛjpfrut]

baga (f)	giləmeyvə	[gilæmɛj'væ]
bagas (f pl)	giləmeyvələr	[gilæmɛjvæ'lær]
arando (m) vermelho	mərsin	[mær'sin]
morango-silvestre (m)	çiyələk	[tʃijæ'læk]
mirtilo (m)	qaragilə	[garagi'læ]

97. Flores. Plantas

flor (f)	gül	['gylʲ]
buquê (m) de flores	gül dəstəsi	['gylʲ dæstæ'si]

rosa (f)	qızılgül	[gızıl'gylʲ]
tulipa (f)	lalə	[la'læ]
cravo (m)	qərənfil	[gæræn'fil]
gladíolo (m)	qladiolus	[gladi'olʲus]

centáurea (f)	peyğəmbərçiçəyi	[pɛjɣæmbærʧiʧæ'jɪ]
campainha (f)	zəngçiçəyi	[zænɡʧiʧæ'jɪ]
dente-de-leão (m)	zəncirotu	[zænʤʲiro'tu]
camomila (f)	çobanyastığı	[ʧobanjastɪ'ɣɪ]

aloé (m)	əzvay	[æz'vaj]
cacto (m)	kaktus	['kaktus]
fícus (m)	fikus	['fikus]

lírio (m)	zanbaq	[zan'bah]
gerânio (m)	ətirşah	[ætir'ʃah]
jacinto (m)	giasint	[gia'sint]

mimosa (f)	küsdüm ağacı	[kys'dym aɣa'ʤʲı]
narciso (m)	nərgizgülü	[nærgizgy'ly]
capuchinha (f)	ərikgülü	[ærikgy'ly]

orquídea (f)	səhləb çiçəyi	[sæh'læp ʧiʧæ'jɪ]
peônia (f)	pion	[pi'on]
violeta (f)	bənövşə	[bænøv'ʃæ]

amor-perfeito (m)	alabəzək bənövşə	[alabæ'zæk bænøv'ʃæ]
não-me-esqueças (m)	yaddaş çiçəyi	[jad'daʃ ʧiʧæ'jɪ]
margarida (f)	qızçiçəyi	[gɪzʧiʧæ'jɪ]

papoula (f)	lalə	[la'læ]
cânhamo (m)	çətənə	[ʧætæ'næ]
hortelã, menta (f)	nanə	[na'næ]

lírio-do-vale (m)	inciçiçəyi	[inʤʲiʧiʧæ'jɪ]
campânula-branca (f)	novruzgülü	[novruzgy'ly]

urtiga (f)	gicitkən	[giʧit'kæn]
azedinha (f)	quzuqulağı	[guzugula'ɣɪ]
nenúfar (m)	ağ suzanbağı	['aɣ suzanba'ɣɪ]
samambaia (f)	ayıdöşəyi	[ajɪdøʃæ'jɪ]
líquen (m)	şibyə	[ʃib'jæ]

estufa (f)	oranjereya	[oranʒɛ'rɛja]
gramado (m)	qazon	[ga'zon]
canteiro (m) de flores	çiçək ləki	[ʧi'ʧæk læ'ki]

planta (f)	bitki	[bit'ki]
grama (f)	ot	['ot]
folha (f) de grama	ot saplağı	['ot sapla'ɣɪ]

folha (f)	yarpaq	[jar'pah]
pétala (f)	ləçək	[læ'ʧæk]
talo (m)	saplaq	[sap'lah]
tubérculo (m)	kök yumrusu	[køk jumru'su]
broto, rebento (m)	cücərti	[ʤyʤʲær'ti]

espinho (m)	tikan	[ti'kan]
florescer (vi)	çiçək açmaq	[tʃi'tʃæk atʃ'mah]
murchar (vi)	solmaq	[sol'mah]
cheiro (m)	ətir	[æ'tir]
cortar (flores)	kəsmək	[kæs'mæk]
colher (uma flor)	dərmək	[dær'mæk]

98. Cereais, grãos

grão (m)	dən	['dæn]
cereais (plantas)	dənli bitkilər	[dæn'li bitki'lær]
espiga (f)	sümbül	[sym'bylʲ]

trigo (m)	taxıl	[ta'χıl]
centeio (m)	covdar	[dʒʲov'dar]
aveia (f)	yulaf	[ju'laf]
painço (m)	darı	[da'rı]
cevada (f)	arpa	[ar'pa]

milho (m)	qarğıdalı	[garχıda'lı]
arroz (m)	düyü	[dy'ju]
trigo-sarraceno (m)	qarabaşaq	[garaba'ʃah]

ervilha (f)	noxud	[no'χud]
feijão (m) roxo	lobya	[lo'bja]
soja (f)	soya	['soja]
lentilha (f)	mərcimək	[mærdʒʲi'mæk]
feijão (m)	paxla	[paχ'la]

PAÍSES DO MUNDO

99. Países. Parte 1

Afeganistão (m)	Afqanistan	[afganis'tan]
África (f) do Sul	Cənubi Afrika respublikası	[dʒʲænu'bi 'afrika rɛs'publikası]
Albânia (f)	Albaniya	[al'banija]
Alemanha (f)	Almaniya	[al'manija]
Arábia (f) Saudita	Səudiyyə Ərəbistanı	[sæudi'æ æræbista'nı]
Argentina (f)	Argentina	[argɛn'tina]
Armênia (f)	Ermənistan	[ɛrmænis'tan]
Austrália (f)	Avstraliya	[av'stralija]
Áustria (f)	Avstriya	['avstrija]
Azerbaijão (m)	Azərbaycan	[azærbaj'dʒʲan]
Bahamas (f pl)	Baqam adaları	[ba'gam adala'rı]
Bangladesh (m)	Banqladeş	[bangla'dɛʃ]
Bélgica (f)	Belçika	['bɛltʃika]
Belarus	Belarus	[bɛla'rus]
Bolívia (f)	Boliviya	[bo'livija]
Bósnia e Herzegovina (f)	Bosniya və Hersoqovina	['bosnija 'væ hɛrsogo'vina]
Brasil (m)	Braziliya	[bra'zilija]
Bulgária (f)	Bolqarıstan	[bolgarıs'tan]
Camboja (f)	Kamboca	[kam'bodʒʲa]
Canadá (m)	Kanada	[ka'nada]
Cazaquistão (m)	Qazaxstan	[gazaχ'stan]
Chile (m)	Çili	['tʃili]
China (f)	Çin	['tʃin]
Chipre (m)	Kıbrıs	['kıbrıs]
Colômbia (f)	Kolumbiya	[ko'lʲumbija]
Coreia (f) do Norte	Şimali Koreya	[ʃima'li ko'rɛja]
Coreia (f) do Sul	Cənubi Koreya	[dʒʲænu'bi ko'rɛja]
Croácia (f)	Xorvatiya	[χor'vatija]
Cuba (f)	Kuba	['kuba]
Dinamarca (f)	Danimarka	[dani'marka]
Egito (m)	Misir	[mi'sir]
Emirados Árabes Unidos	Birləşmiş Ərəb Əmirlikləri	[birlæʃ'miʃ æ'ræp æmirliklæ'ri]
Equador (m)	Ekvador	[ɛkva'dor]
Escócia (f)	Şotlandiya	[ʃot'landija]
Eslováquia (f)	Slovakiya	[slo'vakija]
Eslovênia (f)	Sloveniya	[slo'vɛnija]
Espanha (f)	İspaniya	[is'panija]
Estados Unidos da América	Amerika Birləşmiş Ştatları	[a'mɛrika birlæʃ'miʃ ʃtatla'rı]

Estônia (f)	Estoniya	[ɛs'tonija]
Finlândia (f)	Finlyandiya	[fin'lʲandija]
França (f)	Fransa	['fransa]

100. Países. Parte 2

Gana (f)	Qana	['gana]
Geórgia (f)	Gürcüstan	[gyrʤys'tan]
Grã-Bretanha (f)	Böyük Britaniya	[bø'juk bri'tanija]
Grécia (f)	Yunanıstan	[junanıs'tan]
Haiti (m)	Haiti	[ha'iti]
Hungria (f)	Macarıstan	[maʤʲarıs'tan]
Índia (f)	Hindistan	[hindis'tan]

Indonésia (f)	İndoneziya	[indo'nɛzija]
Inglaterra (f)	İngiltərə	[in'giltæræ]
Irã (m)	İran	[i'ran]
Iraque (m)	İraq	[i'rak]
Irlanda (f)	İrlandiya	[ir'landija]
Islândia (f)	İslandiya	[is'landija]
Israel (m)	İsrail	[isra'il]

Itália (f)	İtaliya	[i'talija]
Jamaica (f)	Yamayka	[ja'majka]
Japão (m)	Yaponiya	[ja'ponija]
Jordânia (f)	İordaniya	[ior'danija]
Kuwait (m)	Küveyt	[ky'vɛjt]
Laos (m)	Laos	[la'os]
Letônia (f)	Latviya	['latvija]

Líbano (m)	Livan	[li'van]
Líbia (f)	Liviya	['livija]
Liechtenstein (m)	Lixtenşteyn	[lixtɛn'ʃtɛjn]
Lituânia (f)	Litva	[lit'va]
Luxemburgo (m)	Lüksemburq	[lyksɛm'burh]

| Macedônia (f) | Makedoniya | [makɛ'donija] |
| Madagascar (m) | Madaqaskar | [madagas'kar] |

Malásia (f)	Malayziya	[ma'lajzija]
Malta (f)	Malta	['malta]
Marrocos	Mərakeş	[mæra'kɛʃ]
México (m)	Meksika	['mɛksika]
Birmânia (f)	Myanma	['mjanma]

| Moldávia (f) | Moldova | [mol'dova] |
| Mônaco (m) | Monako | [mo'nako] |

Mongólia (f)	Monqolustan	[mongolʲus'tan]
Montenegro (m)	Qaradağ	[ga'radaɣ]
Namíbia (f)	Namibiya	[na'mibija]
Nepal (m)	Nepal	[nɛ'pal]
Noruega (f)	Norveç	[nor'vɛʧ]
Nova Zelândia (f)	Yeni Zelandiya	[ɛ'ni zɛ'landija]

101. Países. Parte 3

Países Baixos (m pl)	Niderland	[nidɛr'land]
Palestina (f)	Fələstin muxtariyyatı	[fælæs'tin muχtaria'tı]
Panamá (m)	Panama	[pa'nama]
Paquistão (m)	Pakistan	[pakis'tan]
Paraguai (m)	Paraqvay	[parag'vaj]
Peru (m)	Peru	[pɛ'ru]
Polinésia (f) Francesa	Fransız Polineziyası	[fran'sız poli'nɛzijası]

Polônia (f)	Polşa	['polʃa]
Portugal (m)	Portuqaliya	[portu'galija]
Quênia (f)	Keniya	['kɛnija]
Quirguistão (m)	Qırğızıstan	[gırɣızıs'tan]
República (f) Checa	Çexiya	['tʃɛχija]
República Dominicana	Dominikan Respublikası	[domini'kan rɛs'publikası]
Romênia (f)	Rumıniya	[ru'mınija]

Rússia (f)	Rusiya	['rusija]
Senegal (m)	Seneqal	[sɛnɛ'gal]
Sérvia (f)	Serbiya	['sɛrbija]
Síria (f)	Suriya	['surija]
Suécia (f)	İsveç	[is'vɛtʃ]
Suíça (f)	İsveçrə	[is'vɛtʃræ]
Suriname (m)	Surinam	[suri'nam]

Tailândia (f)	Tailand	[tai'land]
Taiwan (m)	Tayvan	[taj'van]
Tajiquistão (m)	Tacikistan	[tadʒ'ikis'tan]
Tanzânia (f)	Tanzaniya	[tan'zanija]
Tasmânia (f)	Tasmaniya	[tas'manija]
Tunísia (f)	Tunis	[tu'nis]
Turquemenistão (m)	Türkmənistan	[tyrkmænis'tan]

Turquia (f)	Türkiyə	['tyrkijæ]
Ucrânia (f)	Ukrayna	[uk'rajna]
Uruguai (m)	Uruqvay	[urug'vaj]
Uzbequistão (f)	Özbəkistan	[øzbækis'tan]
Vaticano (m)	Vatikan	[vati'kan]
Venezuela (f)	Venesuela	[vɛnɛsu'æla]
Vietnã (m)	Vyetnam	[vjɛt'nam]
Zanzibar (m)	Zənzibar	[zænzi'bar]

www.ingramcontent.com/pod-product-compliance
Lightning Source LLC
Chambersburg PA
CBHW070825050426
42452CB00011B/2188